INSIDE**OUTSIDE**
GITARRENSOLOS

Entdecke Oz Noys moderne Gitarrensolotechniken für Rock, Jazz und Blues

OZ**NOY**

Mit Tim Pettingale

FUNDAMENTAL**CHANGES**

Inside-Outside Gitarrensolos

Entdecke Oz Noys moderne Gitarrensolotechniken für Rock, Jazz und Blues

ISBN: 978-1-78933-357-2

Veröffentlicht von **www.fundamental-changes.com**

www.fundamental-changes.com

Über 13.000 Fans auf Facebook: **FundamentalChangesInGuitar**

Instagram: **FundamentalChanges**

Über 350 kostenlose Gitarrenlektionen mit Videos findest du unter:

www.fundamental-changes.com

Titelbild Copyright: Autorenfoto von Mark Seliger, Verwendung mit Genehmigung.

Inhaltsübersicht

Über den Autor

Der in Israel geborene Oz begann seine professionelle Karriere im Alter von 13 Jahren, als er Jazz, Blues, Pop und Rockmusik spielte. Als er 16 Jahre alt war, spielte er bereits mit israelischen Spitzenmusikern und -künstlern. Mit 24 Jahren war er einer der bekanntesten Gitarristen des Landes. Oz war außerdem mehr als zwei Jahre lang Mitglied der Hausband von Israels beliebtester Fernsehsendung.

Seit seiner Ankunft in New York im Jahr 1996 übt Oz einen enormen Einfluss auf die lokale und internationale Musikszene aus. Sein einzigartiger, mitreißender Stil bricht durch seinen Fokus auf den Groove mit allen Regeln der instrumentalen Gitarrenmusik. Renommierte Schlagzeuger wie Keith Carlock, Anton Fig, Vinnie Colaiuta, Steve Ferrone, Chris Layton, Dennis Chambers und Dave Weckl haben auf seinen Aufnahmen gespielt, ebenso wie die All-Star-Bassisten Will Lee, James Genus, John Patitucci, Roscoe Beck und Reggie Washington.

Oz ist ein sehr produktiver Künstler, der 2001 sein Debütalbum *Oz Live* veröffentlichte, das im legendären Bitter End in New York aufgenommen wurde. Zu den Höhepunkten seither gehören sein hochgelobtes Studioalbum *HA!* mit einer All-Star-Band, bestehend aus Fig, Carlock, Lee und Genus sowie den Special Guests Mike Stern und George Whitty, das 2009 erschienene Album *Schizophrenic* mit Special Guest Steve Lukather, *Twisted Blues Vol. 1* und *Vol.2*, mit Gästen wie John Medeski, Eric Johnson, Allen Toussaint, Chick Corea und Warren Haynes; und *Who Gives a Funk?* mit Joe Bonamassa, Robben Ford, Dweezil Zappa, Fred Wesley, Chris Potter, John Medeski und Corey Glover.

2019 veröffentlichte Oz sein Boogaloo-inspiriertes Album *Booga Looga Loo* und 2020 *Snapdragon*, mit dem er neue klangliche Wege beschreitet, mit Gästen wie Dennis Chambers, Will Lee, Vinnie Colaiuta, Dave Weckl, James Genus sowie John Patitiucci und Chris Potter.

Für seine Leistungen als richtungsweisender Gitarrist gewann Oz die bedeutende Leserwahl der Zeitschrift *Guitar Player* in den Kategorien „Best guitar riff on a record" (2007), „Best new talent" (2008) und „Best out-there guitar player" (2013).

Oz' Erfolge als Künstler und Instrumentalist führten dazu, dass er auch als Lehrer gefragt wurde. Er hat zwei Lehrvideos für Jazz Heaven veröffentlicht, *Guitar Improvisational Workout* und *Play Along Workout*, sowie drei Videos für My Music Master Class mit den Titeln *Unlocking the Neck, Blues, Bends and Beyond* und *Effects on the Gig*. Zudem hat er hat vier Videokurse für TrueFire erstellt: *Twisted Guitar: Blues Soloing, Twisted Guitar: Blues Rhythm, Essentials: Funk Rhythm Guitar* und *Improv Wizard*. Oz leitet gelegentlich Meisterkurse an der Collective School of Music (New York City), dem Musicians Institute (Los Angeles) und anderen Einrichtungen.

Oz hat mit zu vielen Künstlern getourt und aufgenommen, um sie hier alle zu nennen! Zu den Highlights gehören: Chris Botti, Cyndi Lauper, Toni Braxton, Nile Rodgers, Roger Glover, Warren Hayes, The Allman Brothers, Allen Toussaint, Eric Johnson, Mike Stern, John Abercrombie, Steve Lukather, Richard Bona, Gavin Degraw, Nelly Furtado, Natasha Bedingfield, Jennifer Hudson, Don Henley, Patti Austin, Take 6, Michael Bublé, Josh Groban, Phil Ramone, Dweezil Zappa, Steven Tyler, Joe Perry, Sting, Steve Perry, Allison Krauss, Foreigner, Patty Smyth, Idina Menzel, Justin Timberlake, Bonnie Raitt und Dave Mathews.

Einführung

Wenn ich Schüler unterrichte, werde ich oft nach meinem *Inside-Outside*-Ansatz beim Solospiel gefragt. Wie erreiche ich diesen „outside" (d.h. spannungsreichen) Sound? Was denke ich dabei? Gibt es dafür eine Zauberformel?

Es mag dich überraschen, dass ich kaum an das „outside" Spielen denke.

Für mich geht es beim Erzeugen von Spannung und Auflösung in der Musik vor allem darum, verschiedene Farben aus meiner harmonischen Palette anzuwenden. Wenn ich eine mixolydische Skala über einem Dominantseptakkord spiele, ist das eine relativ „inside" klingende Farbe. Wenn ich eine symmetrische verminderte Tonleiter über denselben Dominantseptakkord spiele, ist das eine kühnere Farbwahl, und die Musik wird natürlich stärker outside klingen. Beides sind künstlerische Entscheidungen, die vom Kontext der Musik abhängen, aber es gibt keine Zauberformel. Die Magie entsteht, wenn man eine starke Farbpalette zur Auswahl hat und weiß, wie man sie praktisch einsetzt.

In diesem Buch werden wir uns ansehen, wie wir verschiedene Ansätze nutzen können, um unseren Soli outside Spannung zu verleihen. Wir beginnen mit der vertrauten Farbe der mixolydischen Tonleiter. Dennoch wirst du hier keine routinemäßigen, klischeehaften Licks finden. Mein Ziel ist es, dir dabei zu helfen, aus vorhersehbaren Mustern und Licks auszubrechen und dir zu zeigen, wie du dein mixolydisches Solospiel auffrischen kannst. Du wirst feststellen, dass du mit einer Skala, die du gut zu kennen glaubst, neue Wege beschreiten kannst.

Dann wenden wir uns den kräftigeren Farben der Ganzton-, verminderten und alterierten Skalen zu. Du wirst lernen, wie du diese alterierten Skalen verwenden kannst, um Spannung und Entspannung in realen musikalischen Situationen zu erzeugen, und ich werde dir zeigen, wie ich sie bei einigen funky Tracks anwende.

Für jede Skala zeige ich dir die *nützlichsten* Patterns und Positionen, die du kennen musst - die, zu denen du immer wieder zurückkehren wirst, weil sie einfach perfekt funktionieren. Außerdem zeige ich dir einige Übungen, die dir helfen, den Klang der Tonleiter in deinen Ohren zu verankern und die Grundlage für das Komponieren einiger cooler Licks zu schaffen. Dann gebe ich dir einige der Vokabeln weiter, die ich um diese Skalen herum aufgebaut habe und zeige dir ein paar Ideen, die dir helfen werden, aus dem alten Trott auszubrechen.

Um die Reise abzurunden, werden wir mit einem Stück abschließen, das alle erkundeten Farben miteinander verbindet und zeigt, wie man sie auf einen funky Blues anwendet. Ich hoffe, dass du dich davon inspirieren lässt, um zu sehen, was mit diesem Ansatz möglich ist und dass du weiter mit den Skalen in diesem Buch arbeiten wirst und die musikalischen Ideen in dein Vokabular aufnimmst.

Zu guter Letzt möchte ich erwähnen, dass mein Musikstil schon immer Elemente aus Jazz, Funk, Rock, Blues und R&B enthielt. Unabhängig davon, welches Genre du spielst, wirst du hier Ideen finden, die dich als Spieler herausstechen lassen und dir neue Wege erschließen werden.

Viel Spaß mit deiner Musik!

Oz

Hol dir das Audio

Die Audiodateien zu diesem Buch kannst du kostenlos von **www.fundamental-changes.com** herunterladen. Der Link befindet sich in der oberen rechten Ecke. Klicke auf den Link „Gitarre", wähle dann einfach diesen Buchtitel aus dem Dropdown-Menü aus und folge den Anweisungen, um die Audiodatei zu erhalten.

Wir empfehlen dir, die Dateien direkt auf deinen Computer (nicht auf dein Tablet) herunterzuladen und sie dort zu extrahieren, bevor du sie zu deiner Medienbibliothek hinzufügst. Du kannst sie dann auf dein Tablet oder deinen iPod laden oder auf CD brennen. Auf der Download-Seite findest du eine Anleitung und wir bieten auch technische Unterstützung über das Kontaktformular.

Über 350 kostenlose Gitarrenlektionen mit Videos findest du hier:

www.fundamental-changes.com

Über 13.000 Fans auf Facebook: **FundamentalChangesInGuitar**

Markiere uns zum Teilen auf Instagram: **FundamentalChanges**

Kapitel Eins - Die mixolydische Skala

Skalen als Klangfarben verwenden

Wenn es um die Beziehung zwischen Akkorden und Tonleitern geht, denke ich immer, dass verschiedene Tonleitern unterschiedliche *Farbtöne* in die Musik bringen. Diatonische Skalen erzeugen eine bestimmte Farbe, während alterierte Skalen ein ganzes Spektrum verschiedener Farbtöne erzeugen. In diesem Sinne ist das Schaffen von Musik wie das Komponieren eines Gemäldes. Wir haben eine leere Leinwand und können entscheiden, welche Farben und Töne wir darauf malen wollen; wir entscheiden, wie viel Licht und Schatten wir hinzufügen wollen. Anstatt in Begriffen zu denken wie „outside" zu spielen, können wir über die Anwendung von Skalen nachdenken, die dramatischere Farben in das Bild bringen werden.

In diesem Kapitel werden wir die mixolydische Tonleiter verwenden, um über einen funky Blues-Dominant-Akkord-Vamp zu spielen. Die mixolydische Tonleiter ist dir vielleicht schon bekannt, aber wir werden einige verschiedene Möglichkeiten erkunden, mit ihr zu arbeiten, um zu testen, wie gut du sie kennst, und um einige interessante neue Sounds zu erzeugen. Wir fangen ganz von vorne an, so dass du, wenn du bisher nur wenig mit dieser Tonleiter gespielt hast, einen systematischen Weg findest, sie zu lernen und zu verwenden.

Der Einfachheit halber werde ich dir alle Tonleitern in diesem Buch in der Tonart C beibringen, aber wir werden sie für die Performance-Stücke in andere Tonarten transponieren.

Die mixolydische Tonleiter in C

C Mixolydisch ist der fünfte Modus in der Tonart F-Dur und passt perfekt über einen C7-Akkord, der die Noten C E G Bb enthält. Diese Skala ist die bevorzugte Skala von vielen Blues-, Rock- und Jazzspielern. Die Tabelle unten zeigt ihre Noten und Intervalle.

C	D	E	F	G	A	Bb
Grundton	2.	3.	4.	5.	6.	b7

Die Skala hat dieselben Noten wie ihre F-Dur-Elternskala, so dass manche Gitarristen sie als F-Dur-Tonleiter interpretieren, die auf der Note C beginnt und endet. Es ist jedoch viel besser, die mixolydische Tonleiter als eigenständige Skala zu lernen. Dann tappst du nicht in die Falle, zu versuchen, „nicht so zu klingen, als würde ich *keine* F-Dur-Tonleiter spielen", wenn du ein Solo spielst!

Um eine Tonleiter zu beherrschen, musst du verstehen, wie ihre Intervalle funktionieren und wie ihre Patterns auf dem Griffbrett angeordnet sind. Dies ist der beste Weg, um ihre einzigartige Farbe beim Improvisieren wirklich zu erfassen. Die folgenden Übungen werden diesen Prozess erheblich erleichtern.

Zunächst lernen wir die Tonleiter, ihre Griffbrettgeografie und die Funktionsweise ihrer Intervalle kennen. Dann werden wir sie in einer anderen Tonart spielen, während ich dir einige mixolydische Vokabeln zeige und den Gedankenprozess hinter jedem Lick erkläre. Am Ende des Kapitels werden all diese Licks zu einem kompletten Solo zusammengefügt. Indem du die Phrasen *zellular* lernst, wenige Takte auf einmal, wirst du gut vorbereitet sein, um das Solo am Ende anzugehen.

Skalenpositionen und -formen

Wir wollen lernen, die Tonleiter in zwei Positionen zu spielen - einmal mit dem Grundton auf der A-Saite und einmal mit dem Grundton auf der tiefen E-Saite.

Wenn du denkst, dass die Verwendung von nur zwei Tonleiterpositionen einschränkend ist, wirst du sehen, dass der Lernprozess, den wir gleich beginnen werden, die beiden Positionen verbindet und uns das gesamte Griffbrett eröffnet. Es hilft auch, unser Denken zu vereinfachen, so dass wir beim Solospiel nicht versuchen, uns an viele verschiedene Formen und Positionen zu erinnern.

Die Akkordraster unten zeigen die beiden Skalenmuster und geben die Position der Grundtöne an, so dass du sie leicht in andere Tonarten transponieren kannst. Ich verwende fast immer diese Skalenmuster mit drei Noten pro Saite, da ich finde, dass dies der einfachste Weg ist, um auf die Skala zuzugreifen und über den gesamten Bereich des Griffbretts zu spielen.

Beim ersten Muster befindet sich der Grundton C auf der A-Saite im dritten Bund. Das zweite Muster beginnt mit der C-Note auf der tiefen E-Saite, achter Bund.

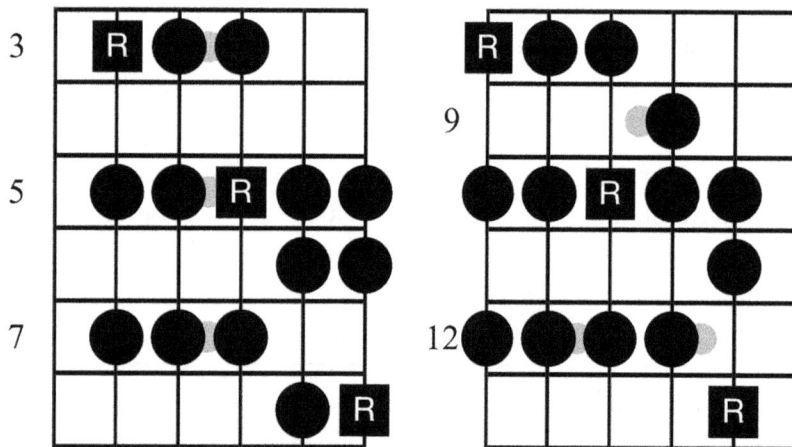

Hier wird die mixolydische Tonleiter in C von der A-Saite aus auf- und absteigend gespielt. Spiele einen C7-Akkord, dann spiele diese Übung ein paar Mal durch und höre genau darauf, wie die Tonleiter über dem Akkord klingt.

Beispiel 1a

Spiele nun das Tonleitermuster mit dem Grundton auf der tiefen E-Saite, beginnend im achten Bund.

Beispiel 1b

Mit dem Klang der Tonleiter im Ohr werden wir das Grundmuster der A-Saite nehmen und eine Reihe von Übungen erforschen, die die Tonleiter sowohl *horizontal* als auch *vertikal* über den Hals verwenden. Dies ist eine der besten Methoden, die ich kenne, um die Intervalle wirklich zu *verinnerlichen* und zur zweiten Natur werden zu lassen. Es ist auch ein Weg, um kreative neue Ideen zu entdecken. Hier ist der Grund...

Das Beste aus der Skala herausholen

Die mixolydische Tonleiter wird von vielen Rock-, Blues- und Jazzmusikern mit großem Erfolg eingesetzt, und es ist sehr einfach, beim Improvisieren auf ein Vokabular zurückzugreifen, das von anderen bereits gut gefestigt wurde. Wie können wir also einen zeitgemäßeren Sound schaffen und uns von alten Klischees lösen?

Selbst mit einer vertrauten, „inside" klingenden Tonleiter wie der mixolydischen, die keine alterierten Farbtöne wie b9, #9 oder #11 enthält, kannst du mit den folgenden *Intervallsequenzmustern* eine unendliche Menge kreativer Ideen für die Liniengestaltung entwickeln.

Die Arbeit mit den Intervallen ist ein wichtiger Teil des Lernprozesses:

- Die kreative Arbeit mit Intervallen hilft uns, uns von klischeehaften Tonleiterläufen und Licks zu lösen

- Das Spielen von Linien, die größere Intervalle enthalten, führt zu weniger vorhersehbaren Licks

- Die Verwendung von intervallischen Sequenzen erzeugt normalerweise einen moderneren Klang

Diese Intervallmuster in der mixolydischen Tonleiter sind die, die ich am häufigsten in meinem Spiel verwende. Wir werden nicht nur die Anordnung der Intervalle auf dem Hals lernen, sondern verwenden auch ein *Auf-Ab-Sequenzierungsmuster* für jedes Intervall, das dazu beiträgt, dass jedes Beispiel mehr nach einer melodischen Linie und weniger nach einer langweiligen Übung klingt.

Wir beginnen damit, die Tonleiter in Terzen zu spielen, *horizontal* und *vertikal*. Dann spielen wir ein *Auf-Ab-*Muster für beide Formen.

Hier ist zunächst C Mixolydisch, horizontal gespielt (d.h. über den gesamten Hals) auf den Saiten A und D. Ich beginne in der dritten Position und spiele, bis mir die Bünde ausgehen.

Beachte bei diesen Übungen, dass ich eine Tonleiter immer mit dem Grundton und nicht mit der tiefsten Note beginne, um den Klang der Tonika in meinem Kopf zu behalten. Wenn ich aber die Tonleiter abwärts spiele, gehe ich oft über den Grundton hinaus, um den gesamten Tonumfang der Position oder Saitengruppe zu nutzen.

Beispiel 1c

Spiele die Skala nun wieder in Terzen durch, aber diesmal vertikal (d. h. über die Saiten in der Box).

Beispiel 1d

Jetzt spielen wir das Terz-Muster wieder horizontal, aber diesmal mit einem *Auf-Ab*-Pattern. Das bedeutet, dass wir zunächst eine aufsteigende Terz spielen, eine Skalenton hochgehen, und dann eine absteigende Terz spielen. Höre dir das Audiobeispiel an - wenn du das Muster einmal hörst, wirst du es sofort verstehen. Dies ist eine gute Möglichkeit, eine Übung melodischer klingen zu lassen. Füge Slides und Positionsverschiebungen hinzu, wo immer du dich am wohlsten fühlst.

Beispiel 1e

Jetzt spielen wir das Gleiche, aber mit dem vertikalen Skalenmuster.

Beispiel 1f

Wahrscheinlich siehst du schon, dass du mit dieser einfachen Übung schnell testen kannst, wie gut du eine Tonleiter kennst. Spiele die obigen Beispiele ein paar Mal und probiere dann, ob du sie ohne die Notation spielen kannst. Dein Ziel ist es, diese Muster auswendig zu lernen.

Die Beispiele 1a bis 1f sind dein Muster für das Erlernen *jeder* Tonleiter in diesem Buch. Ich werde nicht immer sowohl das vertikale als auch das horizontale Muster durchbuchstabieren - oft werde ich dir das eine zeigen und überlasse es dann dir, das andere zu erarbeiten. Aber von nun an kannst du diese Muster als Vorlage für das Erlernen jeder Tonleiter verwenden. Wenn du hart mit ihnen arbeitest, wird es sich bald auszahlen und du wirst schnell deine eigenen intervallischen Linien entwickeln.

Für den Rest der Intervalle in C-Mixolydisch werde ich dir nicht jede Permutation zeigen, sondern mich auf Schlüsselübungen konzentrieren. Du solltest jedoch alle Muster in deiner Übungszeit durcharbeiten.

Quartenintervalle sind ein wichtiger Bestandteil des Klangs der modernen Gitarre und können uns helfen, kantigere, weniger vorhersehbar klingende Linien zu komponieren. Hier ist C Mixolydisch, vertikal in Quarten gespielt. Im Selbststudium solltest du herausfinden, wie man es horizontal spielen kann.

Beispiel 1g

Spiele nun die Tonleiter in Quarten vertikal mit dem *Auf-Ab*-Muster durch.

Beispiel1h

Es ist auch nützlich, die Tonleiter in Quarten auswendig zu lernen, indem man Zwei-Noten-Formen verwendet. Diese können beim Solospiel als Doppelgriffe verwendet werden.

Beispiel 1i

Als Nächstes werden wir uns einige breitere Intervalle ansehen, beginnend mit Sexten. Dies ist ein großartiges Intervall, das man unter den Fingern haben sollte, denn es wird in vielen Musikstilen für Licks verwendet. Glücklicherweise lassen sich Sexten sehr gut auf dem Griffbrett spielen.

Hier ist eine etwas andere Übung, die du ausprobieren kannst. Wir steigen in C Mixolydisch in Sexten vertikal auf, mit einem *Auf-Ab*-Muster, aber wir steigen mit regelmäßigen Sexten ab.

Da Sexten auf der Gitarre fast immer mit Saitensprüngen gespielt werden, weichen wir hier etwas von unserem vertikalen Skalenmuster ab, um den Fingersatz leichter zu gestalten.

Beispiel 1j

Spiele nun die Sexten als Zwei-Noten-Strukturen vertikal über die Saiten. Auch diese können verwendet werden, um Phrasen mit Doppelgriffen zu erzeugen.

Beispiel 1k

Im nächsten Beispiel werden Septimen horizontal über den Hals gelegt. Septimen sind großartig, um weiträumig klingende Linien zu erzeugen. Du wirst außerdem feststellen, dass wir mit horizontal gespielten Septimen den Hals sehr schnell aufwärts bewegen können, was sie zu einem großartigen Mittel macht, um Tonleiterpositionen zu verbinden. Spiele dieses horizontale *Auf-Ab*-Muster durch:

Beispiel 1l

Hören wir uns nun an, wie Septimen als vertikale Zwei-Ton-Strukturen klingen. Septimen sind natürlich nur einen Tonleiterschritt voneinander entfernt, aber da eine der Noten eine Oktave nach oben verschoben ist und eine Saite dazwischen liegt, wird die Dissonanz etwas minimiert. Sie klingen zwar immer noch etwas spannungsreich, wenn sie gleichzeitig gespielt werden, aber auf eine coole Art!

Beispiel 1m

Zum Schluss können wir die Tonleiter in Nonen durcharbeiten. Ich habe die Quinten und Oktaven absichtlich ausgelassen, da sie nicht so melodisch sind wie die anderen Intervalle, aber du solltest mit diesen während deiner Übungszeit experimentieren und die gelernten Muster anwenden, sobald du die Intervalle mit höherer Priorität in diesem Buch durchgearbeitet hast.

Die None ist die zweite Note der Tonleiter, wird aber eine Oktave höher gespielt. Im oberen Register eines Akkords (z. B. Cmaj9, Cm9, C9 usw.) verleiht sie dem Klang Fülle und erzeugt eine angenehme Spannung.

Spielen wir nun die Tonleiter in Nonenintervallen horizontal durch.

Beispiel 1n

Versuche nun diese Übung, bei der das horizontale Muster verwendet wird, um sich in Nonen-Schritten durch die Tonleiter zu bewegen. Durch die großen Saitensprünge ist es eine größere Herausforderung, dieses Muster sauber und akkurat zu spielen, daher solltest du es langsam lernen, bevor du dich an das Tempo herantastest. Stelle dein Metronom anfangs auf 60 Schläge pro Minute (bpm) ein. Ich habe das Audiobeispiel mit 90 bpm aufgenommen.

Beispiel 1o

Transponieren der Skala in andere Tonarten

Die Patterns mit drei Noten pro Saite, die du zu Beginn dieses Kapitels gelernt hast, bieten eine einfache Möglichkeit, die mixolydische Tonleiter in andere Tonarten zu transponieren. Die folgenden musikalischen Beispiele basieren auf einem A-Dominant-Blues-Vamp - einer beliebten Tonart für Blues, Rock und Funk - daher müssen wir die Skala von C nach A Mixolydisch transponieren.

A Mixolydisch ist der fünfte Modus in der Tonart D-Dur. Hier sind die Skalentöne und Intervalle:

A	B	C#	D	E	F#	G
Grundton	2.	3.	4.	5.	6.	b7

Anhand der zuvor gezeigten Muster muss beim Transponieren der Tonleiter lediglich der Grundton auf der tiefen E- und A-Saite lokalisiert und die Form verschoben werden. Der Grundton der E-Saite liegt nun auf dem 5. Bund, der Grundton der A-Saite auf dem 12.

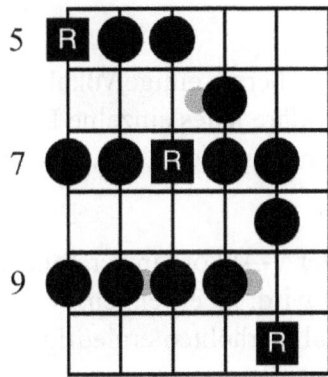

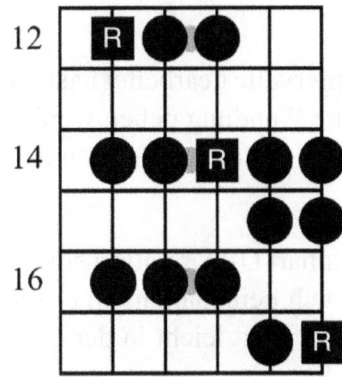

Jede Tonart, mit der wir arbeiten, bietet unterschiedliche Herausforderungen und Möglichkeiten für die Navigation über das Griffbrett. Bei unserer Arbeit mit C als tonalem Zentrum, passte alles ganz gut in den mittleren Bereich des Halses. Das Spiel in A bedeutet, dass wir die mixolydische Form der 5. Saite wiederholen müssen, um das untere Register der Gitarre nicht zu vernachlässigen.

Wir können genau das gleiche A-Saiten-Muster verwenden, um die Bünde 1-4 abzudecken, indem wir die offenen Saiten wie unten verwenden, um den gesamten Hals abzudecken.

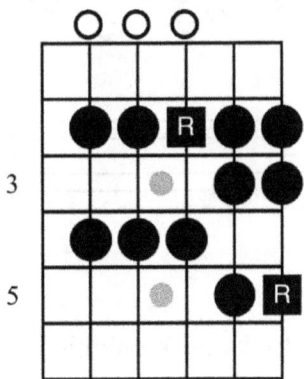

Um dich mit diesem neuen tonalen Zentrum vertraut zu machen, folge dem zu Beginn dieses Kapitels beschriebenen Übungsmuster und gehe den folgenden Prozess durch:

- Spiele die mixolydische Tonleiter in A auf- und absteigend in allen drei Lagen.

- Spiele die Tonleiter in Terzen, auf- und absteigend, *horizontal* (d. h. unter Verwendung des gesamten Halses)

- Spiele die Tonleiter in Terzen, auf- und absteigend, *vertikal* (d. h. unter Verwendung der Skalenbox)

- Spiele Terzen horizontal mit dem *Auf-Ab*-Muster

- Spiele Terzen vertikal nach dem *Auf-Ab*-Muster

- Wiederhole den Vorgang mit den anderen Intervallen der Tonleiter (priorisiere Sexten, Septimen und Nonen)

Dies ist ein erheblicher Arbeitsaufwand, der sich jedoch auszahlt, wenn du dich auf diesen Prozess einlässt.

Aufbau eines mixolydischen Vokabulars

Wenn du fleißig an der Beherrschung der Tonleiterintervalle gearbeitet hast, bist du jetzt bereit, einige Vokabeln zu lernen, die der mixolydischen Tonleiter eine neue Wendung geben werden. Ich erkläre jedes einzelne Lick und weise auf Techniken oder Ideen hin, auf die du dich konzentrieren musst. Am Ende werden alle Licks zu einer vollständigen Solo-Etüde kombiniert.

Beachte, dass die folgenden Beispiele in der Grundtonart D-Dur notiert sind (A7 ist der V-Akkord in der Tonart D-Dur). Wir werden diesen Ansatz im gesamten Buch beibehalten, da er dir helfen wird, zu erkennen, wann ich „außerhalb der Linien Farbe hinzufüge" (d. h. du wirst leicht in der Lage sein, alle erhöhten/erniedrigten Noten zu erkennen, die außerhalb der Grundtonart liegen).

Wir beginnen mit einigen bluesigen mixolydischen Standardvokabeln, um dem Solo einen starken Auftakt zu geben. Im ersten Takt ist das Bending auf der hohen E-Saite ein klassischer Blues-Ansatz, der auf die 3. (C#) des zugrunde liegenden A7-Akkords abzielt. Dies ist ein typischer Sound des mixolydischen Vokabulars.

Beispiel 1p

Das nächste Beispiel beginnt damit, einige einfache intervallische Ideen mit Blues-Licks zu kombinieren. Wenn du die zuvor behandelten intervallischen Skalenübungen weiter übst, wirst du feststellen, dass es immer einfacher wird, Licks zu komponieren, die intervallische Schritte enthalten. Die Idee in den Takten 1-2 unten basiert auf dem kontinuierliche Stapeln von Terzintervallen und hat den Effekt eines „Em7 über A7"-Sounds. Gelegentlich füge ich einige chromatische Durchgangsnoten hinzu, die sich den Tönen der Skala von einem Halbtonschritt tiefer oder höher nähern.

Beispiel 1q

An dieser Stelle sollte ich eine einfache Technik erläutern, die ich oft anwende, um Spannung in ein Solo zu bringen, und die ich in Beispiel 1r demonstriere. Wenn ich über einen beliebigen Akkord spiele, visualisiere ich zunächst die „Ankertöne", wie ich sie gerne nenne, die den Akkord definieren. Das sind der Grundton, die 3., die 5. und die 7.

Anhand dieser Intervalle kannst du genau erkennen, mit welcher Art von Akkord du es zu tun hast. Im Fall von A7 sind die Ankertöne das A (Grundton), C# (3.), E (5.) und G (b7).

Wenn du dir dieser grundlegenden Akkordtöne, die die Harmonie *verankern,* bewusst bist, kannst du *alle* anderen Noten um sie herum spielen, solange du deine Linie zu einem Ankerton auflöst. Im vierten Takt unten spiele ich zum Beispiel absichtlich ein A# anstelle eines A, wechsle aber zwischen den beiden Tönen hin und her, damit klar ist, wo der „Home-Sound" liegt. Achte im weiteren Verlauf auf diese Technik.

Beispiel 1r

Jetzt beginnen wir, uns vom Blues wegzubewegen und werden intervallischer. Wir verwenden immer noch die vertraute mixolydische Tonleiter, doch die weiten Intervallfolgen verschleiern diese Tatsache und lassen es moderner klingen. Takt drei zum Beispiel beginnt mit einer Sexte, dann folgt eine Oktave, dann eine None. Darauf folgt eine weitere Oktave, aber mit einer Pause dazwischen, um die Phrase zu unterbrechen, während die Linie fortschreitet. Das Erfassen des rhythmischen Hooks ist ein wichtiger Teil dieses Licks, also höre dir unbedingt das Audiobeispiel an, um es richtig zu machen.

Beispiel 1s

In Beispiel 1t betont die Linie in Takt eins absteigende Sextintervalle. Die Takte 2-3 enthalten ein Beispiel für das Spielen auf beiden Seiten der Ankertöne. Skalentöne werden von Noten „umschlossen" *(Enclosure)*, die einen Ganzton höher und tiefer liegen. Das Beispiel zeigt, dass man, wenn man die Tonleiter gut kennt, kreativ mit seinen Annäherungsnoten *(Approach Notes)* werden kann.

Die letzte Phrase ist ein Beispiel für *Sidestepping*. Dabei handelt es sich um eine ähnliche Technik, bei der ein Lick kurz nach oben oder unten verschoben wird, um dann wieder an seine ursprüngliche Position zurückzukehren. Es ist auch üblich, einen Sidestep *in einen Skalenlauf* einzubauen, so dass wir in der Tonika beginnen, einen Halbtonschritt nach oben oder unten in eine andere Tonart wechseln und dann zur Tonika zurückkehren, um den Lick zu beenden. Hier wechsle ich zwischen A Mixolydisch und Bb Mixolydisch. Das ist eine einfache, aber effektive Methode, um den Inside-Outside-Sound zu erreichen.

Beispiel 1t

Die nächste Linie beginnt mit einem weiteren Sidestepping, wobei die ersten drei Noten aus Bb Mixolydisch stammen, einen Halbtonschritt über dem tonalen Zentrum von A. Du kannst dein Vokabular verdoppeln, indem du mixolydische Patterns spielst, die einen Halbtonschritt entfernt sind und sich zum tonalen Zentrum auflösen. Diese Linie soll die Aufmerksamkeit des Zuhörers erregen, indem die Spannung nicht zu schnell aufgelöst wird.

Beispiel 1u

Der Fokus des nächsten Licks liegt auf dem triolischen 1/16-Notenlauf, der sich über die Takte 3-4 erstreckt. Obwohl es den Anschein hat, dass es sich um eine Outside-Linie handelt, gibt es nur eine „Outside-Note" in diesem Lauf (das A# in der zweiten Triolengruppe). Verwende den 5. Bund als Anker und spiele die Noten auf der B-Saite als Pull-Offs. Die Phrase in der zweiten Hälfte des vierten Taktes verwendet Annäherungsnoten von einem Halbtonschritt tiefer, um die Skala wieder aufzusteigen. Die Linie basiert auf einer typischen Pentatonik-Box und ähnelt der Art von Ideen, die Stevie Ray Vaughn spielen würde.

Beispiel 1v

Hier ist eine 1/16-Noten-Idee, die chromatische Durchgangsnoten verwendet, um die Skalentöne zu verbinden. Unterteile die erste Linie in vier Notenblöcke und spiele sie langsam durch, um die Notengruppen im Muskelgedächtnis zu verankern.

Die absteigende Idee in Takt zwei enthält nur ein paar chromatische Noten, und doch klingt die Linie ziemlich outside, weil ich sie auf dem ersten und letzten Schlag des Taktes spiele. Eine Phrase auf einer outside Note zu beginnen, überrascht den Hörer, und es dauert einen Moment, bis sich die Ohren darauf einstellen und erkennen, dass der größte Teil der Linie den *Home*-Sound hat.

Beispiel 1w

Wir enden mit einem anspruchsvollen 1/16-Notenlauf. Eine lange, komplexe Linie wie diese lernt man am besten, indem man alles verlangsamt und in kleinere Stücke zerlegt. Konzentriere dich darauf, nur die erste Phrase mit sechs Noten auswendig zu lernen, bevor du mit den nächsten sechs Noten weitermachst. Sobald du beide auswendig gelernt hast, verbinde sie miteinander, und schon hast du die Hälfte des ersten Taktes im Kopf. Wiederhole nun den Vorgang (langsam!), bis du die gesamte Phrase verbinden kannst. Erst wenn du die Phrase mehrere Male erfolgreich spielen kannst, ohne einen Fehler zu machen, solltest du das Tempo erhöhen.

Beispiel 1x

Die gute Nachricht ist, dass du jetzt jeden Abschnitt des Solos unter deinen Fingern hast. Höre dir das Audiobeispiel an, um das gesamte Solo im Kontext zu hören und arbeite dich dann durch das Solo, indem du die einzelnen Licks, die du gelernt hast, miteinander verbindest. Damit kannst du nicht nur testen, wie gut du die Phrasen bereits gelernt hast, sondern du kannst dich auch mehr auf deine Musikalität konzentrieren – vergiss nicht, es grooven zu lassen!

Spiele das Solo ein paar Mal mit mir zusammen und verwende dann den Backing Track dieses Kapitels, um es allein zu spielen. Du kannst den Backing Track auch verwenden, um mit den Ideen zu jammen, die wir in diesem Kapitel besprochen haben und um die Licks zu perfektionieren, die du deinem Vokabular hinzufügen möchtest.

Beispiel 1y

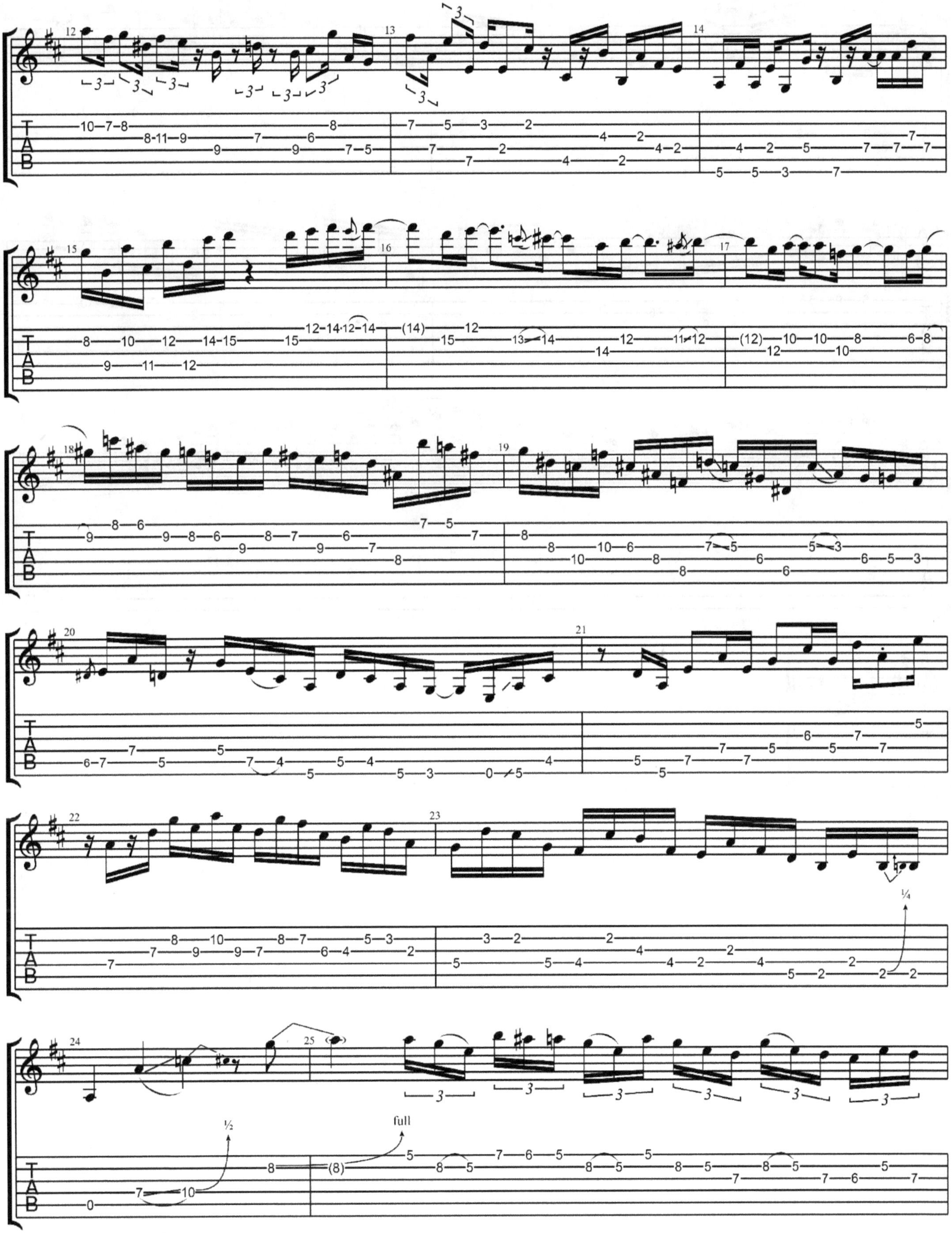
¼
½
full

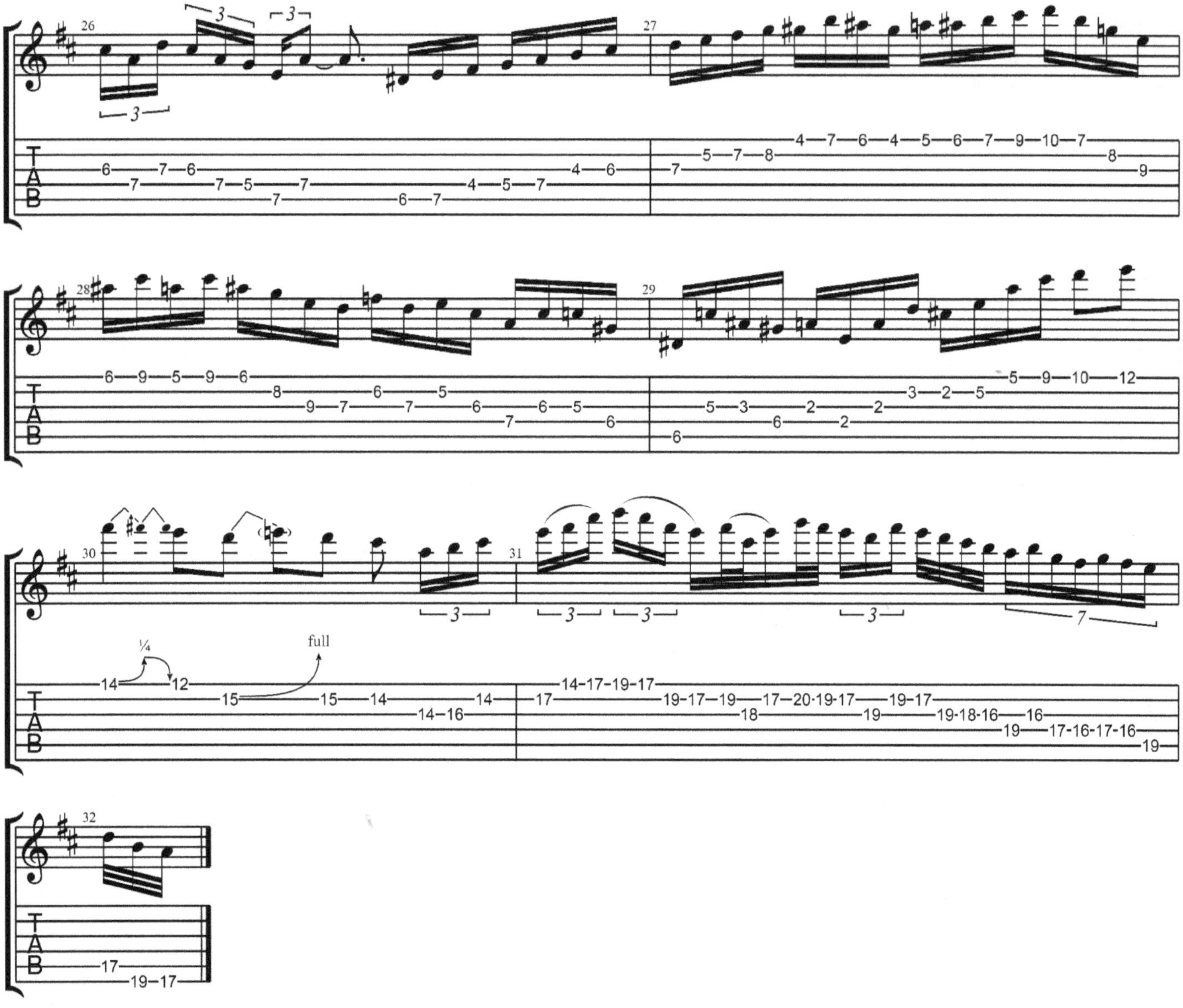
¼
full

Kapitel Zwei - Die Ganztonskala

Die Ganztonskala ist, wie der Name schon sagt, eine Skala, die ausschließlich aus Ganztonintervallen besteht. Sie ist eine *hexatonische* Skala, was bedeutet, dass es nur sechs Töne pro Oktave gibt. Ihre perfekt symmetrische Form bedeutet, dass sie einen zweideutigen Klang hat - als ob sie nach einem Ziel suchen würde, aber nie ankäme. Das macht sie sehr nützlich, um unseren Soli eine interessante alterierte Farbe hinzuzufügen, von der aus wir den Klang immer wieder *nach Hause* bringen können, indem wir uns zu einem Akkordton oder einem „inside" klingenden Lick auflösen.

Ein Dreiklang, der auf einer beliebigen Note der Ganztonleiter aufbaut, ist immer übermäßig, und die gesamte Skala kann durch das Spielen von zwei übermäßigen Dreiklängen im Abstand einer großen Sekunde ausgedrückt werden. Das macht sie besonders nützlich für das Spielen über Dominantakkorden, wie wir unten sehen werden.

Im Jazz haben viele Spieler, die modal unterwegs sind, Ganzton-Ideen in ihr Spiel integriert, aber ich finde sie auch in einem Blues-Rock- und Funk-Kontext sehr effektiv. In diesem Kapitel wirst du dich mit der Tonleiter vertraut machen, indem du sie über einen funky Blues in C spielst.

Die C-Ganztonleiter

Um zu verstehen, wie die Ganztonskala über einem Dominantakkord funktioniert, vergleichen wir sie mit der mixolydischen Tonleiter in C aus dem vorherigen Kapitel. Hier eine Erinnerung an die Noten/Intervalle von C Mixolydisch:

C	D	E	F	G	A	Bb
Grundton	2.	3.	4.	5.	6.	b7

Hier sind die Noten der C-Ganztonleiter und die Intervalle, die sie hervorhebt, wenn sie über einen C7-Akkord gespielt wird.

C	D	E	Gb	Ab	Bb
Grundton	9.	3.	b5	#5	b7

C7 ist aufgebaut: C (Grundton), E (3.), G (5.), Bb (b7). Wenn du die C-Ganztonleiter über C7 spielst, ergeben sich die folgenden alterierten Sounds:

- C7#11 (C, E, F#, Bb)

- C7b5 (C, E, Gb, Bb)

- C7#5 (C, E, G#, Bb)

- C7b13 (C, E, G, Bb, Ab)

Zusätzlich zu den alterierten Spannungsnoten enthält die C-Ganztonleiter eine D-Note, die, wenn sie über C7 gespielt wird, einen C9-Klang erzeugt.

Wie im vorigen Kapitel werden wir zunächst lernen, wie diese Tonleiter auf dem Griffbrett angeordnet ist, und ich zeige dir die beiden Hauptpositionen, die ich gerne für sie verwende. Als Nächstes machen wir uns durch eine Reihe von Übungen mit der Funktionsweise der Intervalle vertraut, bevor wir einige meiner Vokabeln lernen.

Aufgrund ihrer symmetrischen Form mit gleichmäßig verteilten Intervallen gibt es einige verschiedene Ansätze, diese Tonleiter zu spielen, aber ich habe die folgenden Formen als ökonomisch und einfach zu spielen empfunden. Hier sind die Formen mit Grundton auf der A- und der tiefen E-Saite.

Beachte, dass ich für die Form mit Grundton auf der A-Saite die Skalennoten auf der tiefen E-Saite hinzugefügt habe, um das Muster zu vervollständigen (dargestellt durch hohle Noten). Das bedeutet, dass beide Formen jetzt ein Muster von 3 2 3 2 2 3 Noten pro Saite haben.

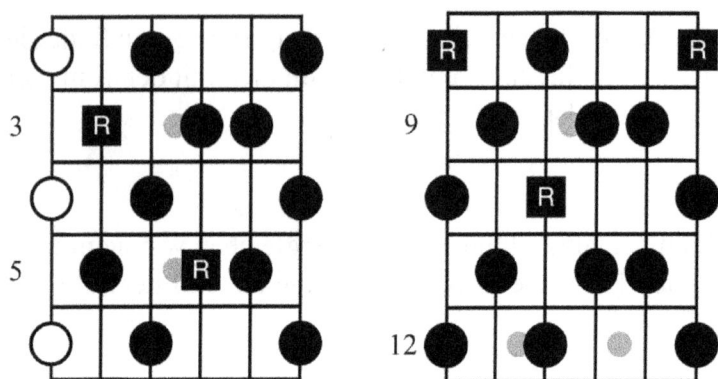

Spiele einen C9-Akkord und dann die Tonleiterform in der dritten Position durch, die auf dem Grundton der A-Saite beginnt. Du kannst die Noten auf der tiefen E-Saite hinzufügen, wenn du mit der Form vertraut bist. Loope einen C9-Akkord, um darüber zu spielen, oder übe mit dem „C Whole Tone Backing Track", der diesem Kapitel beiliegt.

Beispiel 2a

Spiele nun die Tonleiter in der höheren Lage mit dem Grundton am 8. Bund durch.

Beispiel 2b

Jetzt werden wir eine Reihe von Übungen durcharbeiten, die denen in Kapitel eins ähneln. Denke daran, das Ziel dieser Übungen ist:

- Uns zu ermöglichen, kreativ mit den Skalenintervallen zu arbeiten

- Weniger vorhersehbare melodische Linien zu spielen, die größere Intervalle haben

- Intervallische Sequenzen aufzubauen, die einen modernen Sound haben

Wie zuvor werden wir einige horizontale und vertikale Patterns lernen, die die beiden obigen Skalenpositionen miteinander verbinden und uns eine gute Abdeckung des gesamten Griffbretts ermöglichen.

Beispiel 2c ist die C-Ganztonleiter, die in Terzen gespielt wird und sich horizontal über den Hals auf der A- und D-Saite bewegt. Du kannst die Tonleiter natürlich auch horizontal auf anderen Saitenpaaren lernen, aber dies ist der Ansatz, den ich normalerweise verwende, um tiefere und höhere Skalenformen zu verbinden, beginnend mit dem Grundton auf der A-Saite.

Beispiel 2c

Beachte den kaskadenartigen Klang dieser Skala. Sie hat etwas Ätherisches, und selbst wenn wir wieder auf der C-Note landen, klingt sie immer noch nicht wirklich aufgelöst.

Hier siehst du, wie du die Tonleiter in Terzen spielen kannst, indem du die vertikale Anordnung verwendest. Übe dies aufsteigend und absteigend.

Beispiel 2d

Als Nächstes spielen wir die Tonleiter in Terzen vertikal über den Hals nach dem „one-up one-down" Pattern. Da diese Tonleiter ein ungewöhnliches Muster hat, solltest du, sobald du dir die Form der Übung eingeprägt hast, versuchen, sie ohne die Notation zu spielen, indem du dich nur auf den Klang der Intervalle stützt. So verankerst du sie im Gehör und trainierst gleichzeitig dein Muskelgedächtnis.

Beispiel 2e

Die nächste Übung, diesmal in Quarten gespielt, ist ein gutes Beispiel dafür, wie wir intervallische Muster für den Übergang zwischen tieferen und höheren Lagen verwenden können.

Beispiel 2f

Hier ist eine ähnliche Übung, gespielt in Quarten mit dem „one-up one-down" Muster.

Beispiel 2g

Die nächste Übung testet deine Fähigkeit, sauber zu spielen, sowie deine Fähigkeit, größere Intervalle zu hören. Normalerweise sind Quinten auf der Gitarre leicht zu spielen, aber da wir es mit der Ganztonleiter zu tun haben, sind die Dinge nicht ganz so vorhersehbar. Sie erfordert einige Saitensprünge und schnelle Positionswechsel der Bünde. Was sich aber für mich angenehm anfühlt, ist für dich vielleicht nicht angenehm, arbeite dich also langsam vor, verinnerliche den Klang der Intervalle und finde den ökonomischsten und bequemsten Fingersatz.

Beispiel 2h

Als Nächstes erforschen wir die Tonleiter in Sexten. In den folgenden drei Übungen spielen wir die Tonleiter als gerade Intervalle, dann mit einer Aufwärts-/Abwärtssequenz und schließlich als Doppelgriffe.

Beispiel 2i

Hier ist die C-Ganztonleiter in Sexten, mit dem „one-up, one-down" Muster.

Beispiel 2j

Und hier mit Doppelgriffen gespielt.

Beispiel 2k

Aufbau eines Ganztonleiter-Vokabulars

Jetzt werden wir lernen, wie man die Ganztonleiter in einem musikalischen Kontext anwendet. Wie zuvor wirst du diese Phrasen in zwei- oder viertaktigen Zellen lernen, die zusammen das komplette Solo bilden. Die Arbeit, die du in das Üben dieser einzelnen Phrasen steckst, wird dir die Bewältigung des gesamten Solos wesentlich erleichtern.

Das Solo basiert auf einem C-Dominant-Groove. Die Gesamtstimmung, die ich hier einfangen wollte, war ein starkes Blues-Feeling, aber mit zahlreichen Drehungen und Wendungen. Die Ganztonleiter kann dies in besonderem Maße liefern. Das erste Beispiel gibt den Ton vor mit einigen bluesigen Standardvokabeln in den Takten 1-2. Es folgt ein Ganztonlauf, der hauptsächlich aus Terzintervallen besteht.

Beispiel 2l

Es ist wichtig, alterierte Tonleitern nicht übermäßig zu verwenden und diese Farbe in unseren Soli ständig zu erzwingen. Wenn wir das tun, wird das Publikum schnell die Harmonie aus den Augen bzw. Ohren verlieren. Außerdem kann es den Überraschungseffekt schmälern, der entsteht, *wenn* wir sie verwenden.

Im nächsten Beispiel verwende ich für das gesamte Lick hauptsächlich das Vokabular der c-Moll-Pentatonik, mit Ausnahme der vorletzten Note. Diese Gb-Note aus der C-Ganztonleiter leitet das intervallische Lick ein, das du in Beispiel 2n lernst.

Beispiel 2m

Das nächste Lick verwendet große Intervalle, um einen weiträumigen Sound zu erzeugen. Aus dem Zusammenhang gerissen mag es etwas willkürlich klingen, aber in Kombination mit der vorherigen Idee ist es eine aggressive, mitreißende Linie, die sich gut in das Blues-Vokabular einfügt.

Diese Linie macht sich auch das symmetrische Muster der Ganztonleiter auf dem Gitarrenhals zunutze. Schaue dir die Skalendiagramme an und du wirst feststellen, dass das Notenmuster auf der hohen E-Saite mit dem der D-Saite identisch ist und das Muster auf der B-Saite dem der A-Saite entspricht. Das heißt, wenn wir auf der B- und der hohen E-Saite spielen, ist es einfach, sich große Sprünge wie in diesem Lick zu visualisieren.

Beispiel 2n

Das nächste Beispiel enthält eine der schwierigsten Inside-Outside-Linien im ganzen Buch! Das liegt nicht nur an der Geschwindigkeit, sondern auch an der rhythmischen Komplexität. Um es zu lernen, empfehle ich den folgenden Ansatz:

Erstens: Mache ganz langsam. Es ist wichtig, die Formen und Handbewegungen im Muskelgedächtnis abzuspeichern.

Zweitens: Lerne in überschaubaren Abschnitten. Ich schlage vor, den ersten Takt in zwei Hälften zu teilen und ihn als zwei separate Phrasen zu lernen, bevor man sie zusammenfügt. Lernen die lange, größtenteils aus 1/32tel Noten bestehende Linie als eine Phrase und die beiden Triolenfiguren am Ende von Takt eins als zweite Phrase.

Wiederhole diesen Ansatz in den Takten 2-3, indem du die vier triolischen Figuren am Anfang von Takt zwei als eine Phrase und den Rest von Takt zwei/Takt drei als zweite Phrase lernst.

Achte dabei besonders auf den Rhythmus. Sobald du die einzelnen Phrasen beherrschst, kannst du daran arbeiten, sie zu einer langen Linie zusammenzufügen.

Die Linie selbst bewegt sich zwischen den Noten der mixolydischen Tonleiter in C und der C-Ganztonleiter.

Beispiel 2o

Um einen Kontrast zur vorherigen Idee zu schaffen, beginnt die nächste Zeile mit einigen Blues-Vokabeln im Auftakt und im ersten Takt. Darauf folgt in Takt zwei ein reiner Ganztonlauf, der aus Terzen aufgebaut ist. Wenn du diese Noten zusammenspielst, wirst du sehen, dass sie eine übermäßige Akkordform bilden.

Beispiel 2p

Diese Zeile beginnt mit einer Drei-Noten-Phrase, die einen übermäßigen Dreiklang erzeugt. Die zweite Phrase ist ein weiterer übermäßiger Dreiklang, dem eine Einleitungsnote vorausgeht. Es lohnt sich, die Linie, die vom Ende des ersten Taktes in den zweiten übergeht, genau zu studieren, da sie eine einfache Möglichkeit zeigt, ein Ganzton-Lick zu „erden", indem man es in eine Blues-Phrase umwandelt.

Beispiel 2q

Um diese Idee umzudrehen, hier ein Beispiel, das mit einem bluesigen Lick beginnt, der in eine Ganzton-Phrase übergeht.

Beispiel 2r

Hier ist eine weitere Linie, die den **übermäßigen** Klang der Tonleiter mit einem absteigenden rhythmischen Motiv hervorhebt. In Takt vier formt die absteigende Figur, die mit einer Gb-Note auf der H-Saite,7. Bund, beginnt, einen Ab7#5-Akkord und betont die übermäßige (#5) Qualität der Ganztonleiter.

Beispiel 2s

Mit der Ganztonleiter lassen sich einige wilde Sachen anstellen, wenn man sie zum Spielen von Doppelgriffen oder Akkordfragmenten verwendet. Das nächste Lick lotet die Grenzen dieser alterierten Skala aus, um Spannung zu erzeugen.

Für die riffartige Phrase in Takt zwei, dämpfe die Saiten zwischen den tiefen und hohen Tönen, so als ob du eine Oktave spielen würdest. Greife das D auf der hohen E-Saite mit deinem kleinen Finger und die Noten auf der A- und D-Saite mit dem Zeigefinger. Der Zeigefinger bewegt sich hin und her, um die tieferen Noten zu spielen, während der kleine Finger bleibt, wo er ist.

In den Takten 3-4 entsteht viel Spannung, da diese Noten nur einen Tonleiterschritt voneinander entfernt sind und absichtlich eine dissonante Farbe erzeugen. Um diese Doppelgriffe akkurat zu spielen, fixiere deine Greifhand in der richtigen Position und konzentriere dich dann darauf, nur die **höchste Note in jeder Struktur anzusteuern. Auf diese Weise m**usst du immer nur einen Bund anvisieren, anstatt zwei.

Beispiel 2t

Dieses Lick kombiniert Blues-Licks mit einer Standard-Pentatonik-Phrase am Ende, der eine chromatische Note hinzugefügt wurde.

Beispiel 2u

Das letzte Lick ist zwar nicht so schwer zu spielen wie einige der früheren Läufe, hat aber harmonisch eine Menge zu bieten und enthält viele Wendungen. Es ist eine motivische Idee, die sich über mehrere Takte erstreckt. Nach der Eröffnung mit einigen Bluesvokabeln beginnt das Motiv am Ende des ersten Taktes und geht in den nächsten über. Der Rhythmus dieser Phrase wird in den Takten 2-3 wiederholt und das Motiv wiederholt sich, wobei es jedes Mal einen ganzen Schritt nach oben geht, um eine gewisse outside Spannung zu erzeugen.

Beispiel 2v

Nachdem du die einzelnen Licks in diesem Kapitel gemeistert hast, ist es an der Zeit, das komplette Solo in Angriff zu nehmen. Du wirst feststellen, dass einige der gelernten Phrasen an etwas anderen Stellen im Takt erscheinen. In einigen der vorangegangenen Beispiele wollte ich dir ganze Phrasen beibringen, die für sich genommen musikalisch sinnvoll sind, weshalb einige von ihnen mit Auftakten geschrieben wurden. Hör dir die Audio-Performance ein paar Mal an, bevor du beginnst.

Beispiel 2w

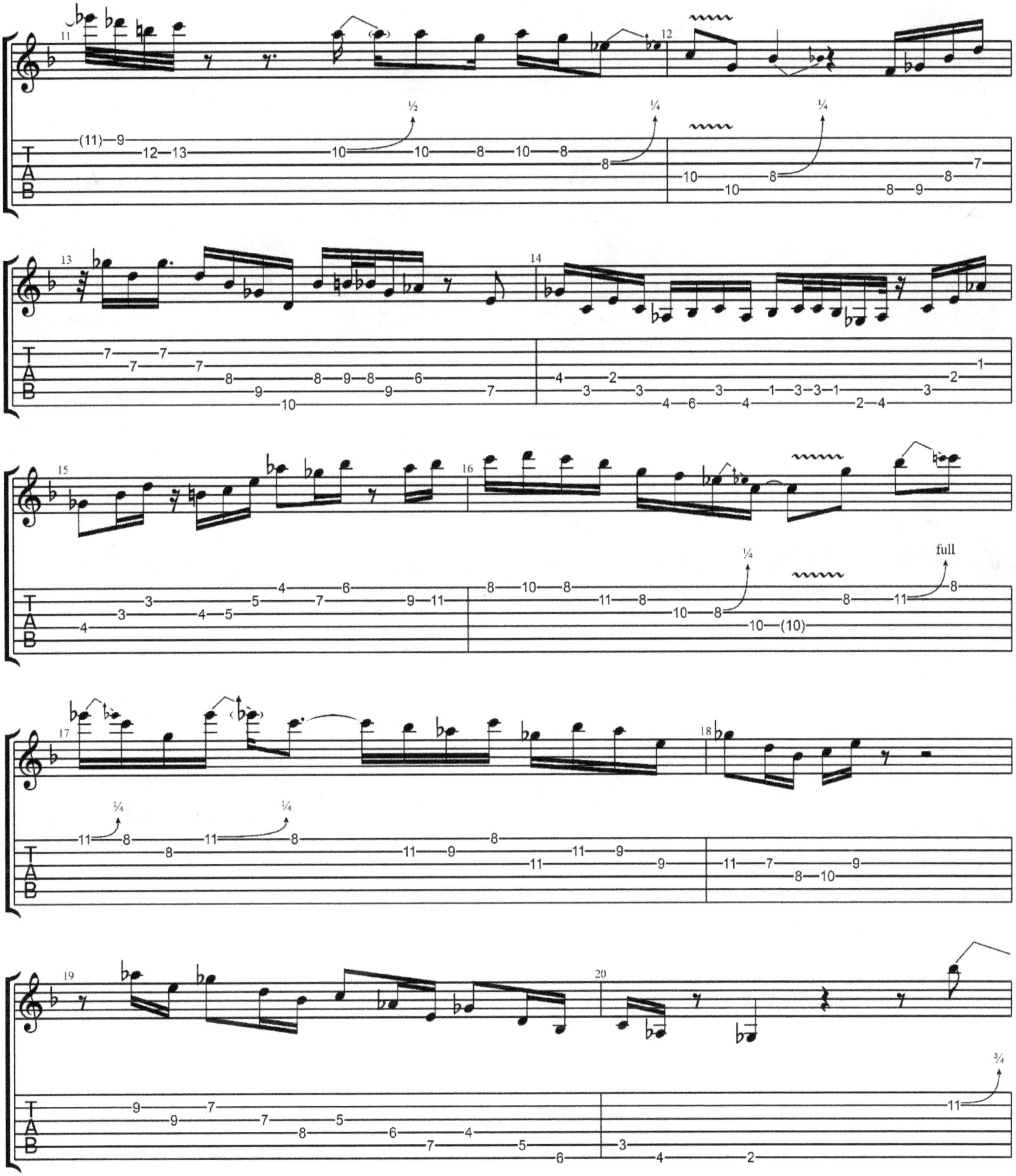
full

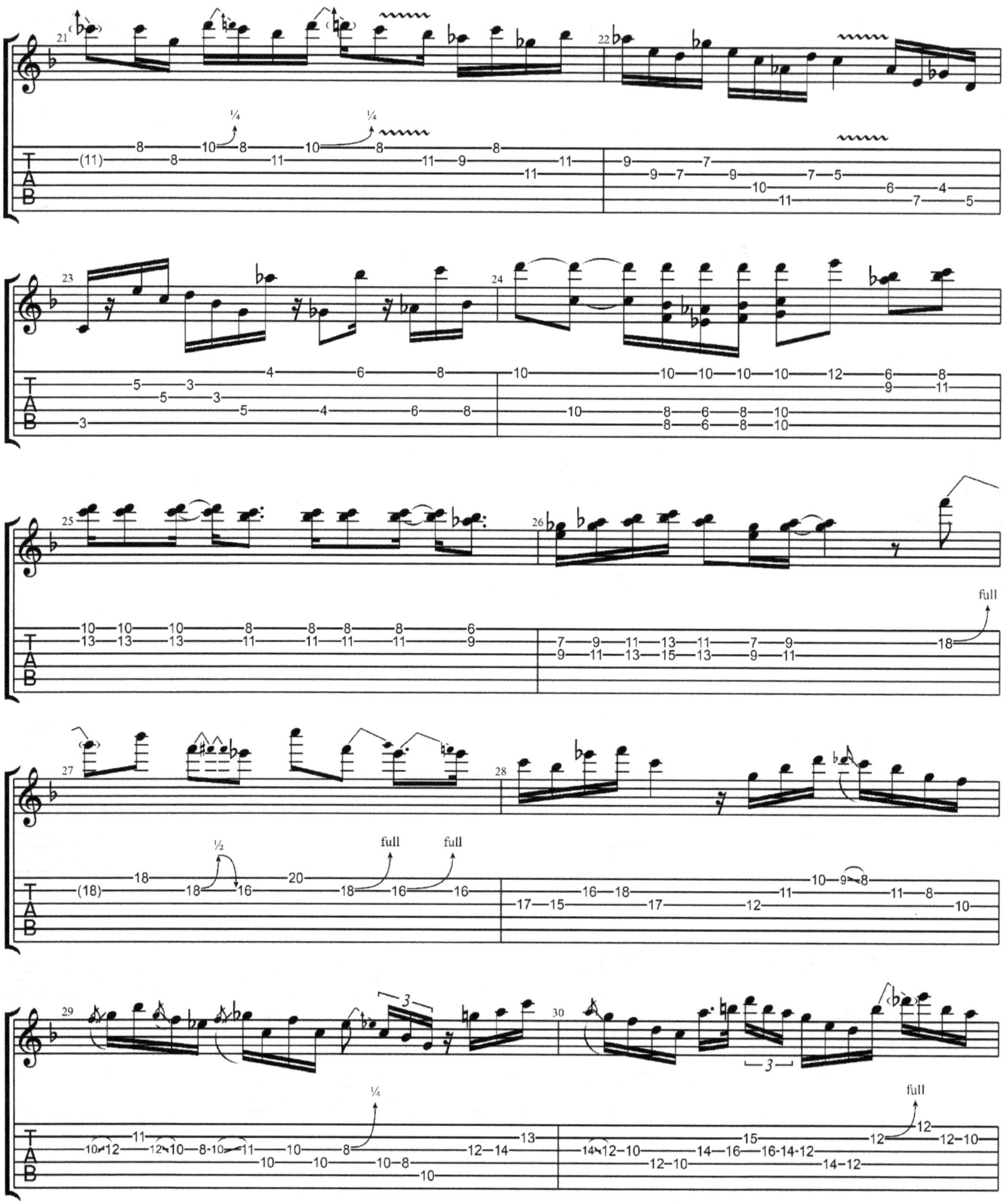
¼
¼
T
A
B
full
½
full
full
¼
full

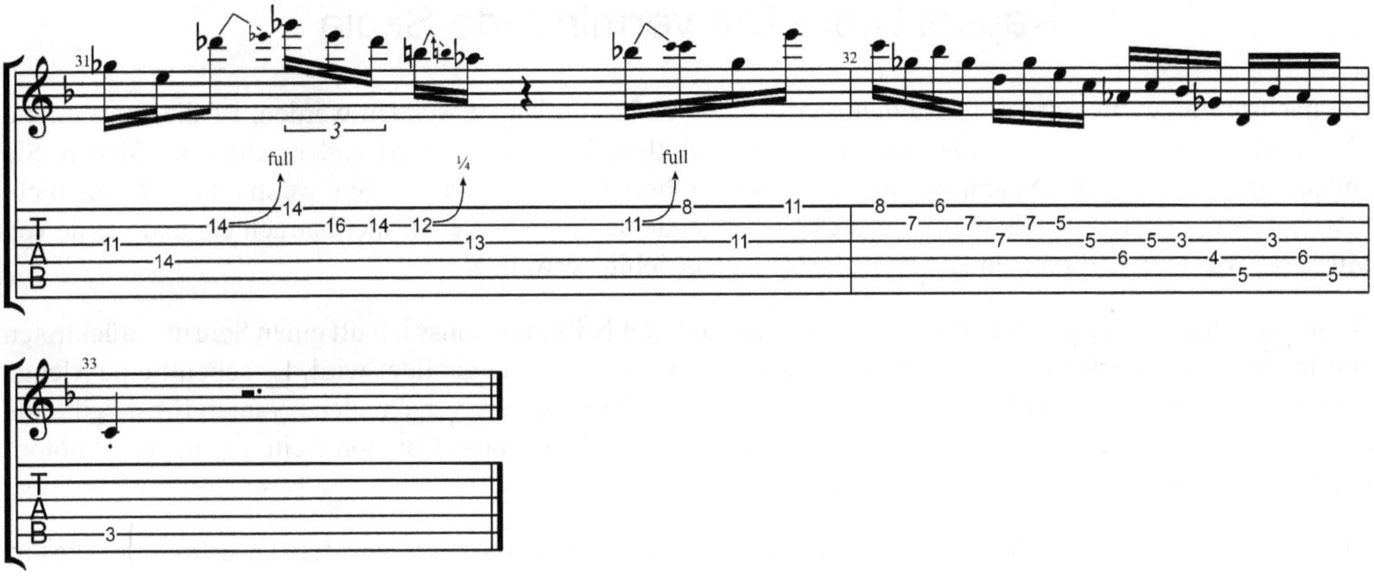
full
¼
full

Kapitel Drei - Die verminderte Skala

Die nächste Farbe, die wir zum Erstellen von Inside-Outside-Linien verwenden werden, ist die verminderte Skala. Ich denke, dass die verminderte Skala eine dunklere Farbe erzeugt als andere alterierte Skalen. Sie enthält einige interessante Spannungsnoten, die deine Ohren herausfordern werden, wenn du den Klang nicht gewohnt bist. Sie ist vielleicht die am jazzigsten klingende der Skalen, die wir hier betrachten, und wurde von Musikern wie John Coltrane und Allan Holdsworth ausgiebig verwendet.

Wenn ich Schülern das Vokabular der verminderten Tonleiter beibringe, muss ich oft einen Schritt zurücktreten und in einfachen Worten erklären, was diese Tonleiter ist und wie sie gebildet wird. Es scheint eine Menge Verwirrung über diese Tonleiter zu geben, nicht zuletzt, weil es mehrere verschiedene Namen für sie gibt, die alle dasselbe aus einem anderen Blickwinkel beschreiben (z.B. Halbton-Ganzton-Leiter, Ganzton-Halbton-Leiter, Dominant-Vermindert, usw.).

Hier ist ein einfacher Weg, die verminderte Tonleiter zu bilden und zu wissen, wie man sie anwendet. Dies ist die Regel, die Jazzmusiker verwenden, um den verminderten Sound über jedem Dominantakkord schnell zu finden und zu spielen:

Spiele die verminderte Skala einen Halbtonschritt über dem Grundton eines Dominantakkordes.

Zum Beispiel spielen wir über einem C7-Akkord die verminderte C#-Tonleiter.

Schauen wir uns einmal an, warum diese Regel funktioniert. Jemand sagte mal, dass ein verminderter Akkord nur ein „verkappter Dominantakkord" ist. Hier ist der Grund dafür...

Schau dir das Diagramm des verminderten C#-Akkords unten an. Du bist wahrscheinlich mit der einfachen beweglichen Form vertraut, bei der sich der Grundton auf der hohen E-Saite befindet.

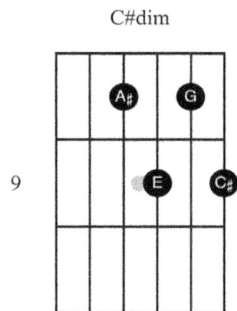

Wenn wir dieser Form auf der tiefen E-Saite einen C-Grundton hinzufügen, erhalten wir einen C7b9-Akkord:

C7b9

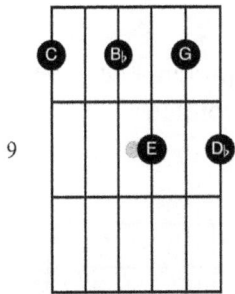

Das ist die Verbindung zwischen vermindert und dominant und der Grund, warum ein verminderter Akkord so eng mit einem Dominant-Akkord verwandt ist.

Schauen wir uns nun an, wie man die richtige Tonleiter bildet, um sie über dem alterierten C-Dominant-Akkord zu spielen, den wir gerade erzeugt haben. Unser Ausgangspunkt ist das Arpeggio des C#dim7-Akkords. Im Folgenden siehst du eine einfache Möglichkeit, es vom Grundton auf der A-Saite, 4. Bund, zu spielen.

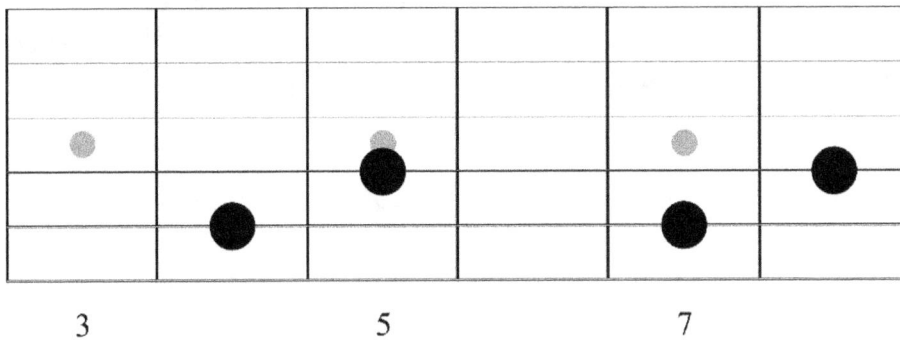

Wenn wir einen Halbton unter jeder C#dim7 Arpeggio-Note eine Note hinzufügen, erhalten wir alle acht Töne der verminderten C#-Tonleiter. So sieht die Skalenform aus (die hinzugefügten Noten sind durch hohle Kreise gekennzeichnet).

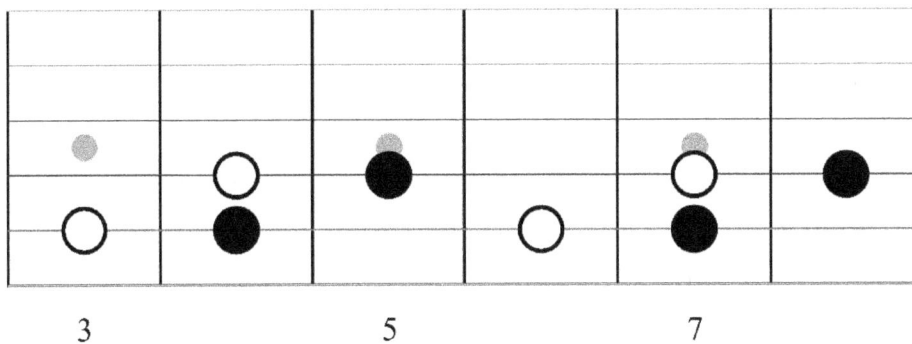

Wir haben jetzt eine nützliche Form für die verminderte C#-Tonleiter, die auf dem Grundton des C7b9-Akkords beginnt.

Wie bei anderen alterierten Skalen können wir sie einfach über einen normalen C7-Akkord spielen. Die Tabelle unten zeigt die Intervalle, die hervorgehoben werden, wenn wir das obige Muster über C7 spielen.

C	Db	D#	E	F#	G	A	Bb
Grundton	b9	#9	3.	#11	5.	13.	b7

Die Skala enthält alle Akkordtöne von C7, eine erweiterte 13. (A) und die Spannungstöne b9 (Db), #9 (D#) und #11 (F#) - wobei die #11 die Spannung ist, die am stärksten „outside" klingt.

Nachdem wir die richtige Tonleiter für einen C-Dominant-Akkord gefunden haben, müssen wir sie nun vom Grundton C aus üben. Wie du inzwischen weißt, gehe ich immer am liebsten vom *Grundton* des Akkords aus, über den ich spiele.

Es gibt mehrere nützliche Formen für diese Tonleiter. Wir beginnen mit einigen Box-Formen und sehen uns dann ein paar Muster an, die sich für das Spielen über das gesamte Griffbrett eignen. Form 1 ist eine vertikale Form mit drei Noten pro Saite und einem Grundton auf der A-Saite. Die Grundtöne sind angegeben, so dass du diese Form leicht in andere Tonarten transponieren kannst.

Form 1

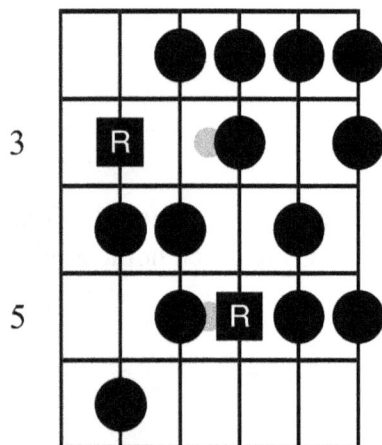

Spiele einen C7b9-Akkord in dritter Position, dann die Tonleiter und höre dir den Klang der Intervalle über dem Akkord an.

Beispiel 3a

Die nächste Form mit drei Noten pro Saite hat einen Grundton auf der tiefen E-Saite. Spiele den C7b9-Akkord und dann die Tonleiter auf- und absteigend darüber.

Form 2

Beispiel 3b

Sehen wir uns nun zwei horizontale Formen mit vier Noten pro Saite an, mit denen wir auf dem Hals gewissermaßen mit einem „Krabbel"-Muster aufsteigen. Diese Muster eignen sich hervorragend, um schnell einen großen Bereich des Griffbretts abzudecken, und können beim Solospiel einige dynamische Ergebnisse liefern.

Hier ist die Form, die in der dritten Position beginnt. Beachte, dass sie auf *jeder Saite* das gleiche Muster hat, was es viel einfacher macht, sie sich zu merken.

Form 3

Beispiel 3c

Wenn du es anstrengend findest, vier Noten auf einer Saite zu spielen, vor allem in den unteren Lagen, kannst du einen Positionsslide hinzufügen. So spiele ich dieses Muster immer. Spiele die erste Note auf der A-Saite mit dem Zeigefinger und gleite dann sofort einen Bund nach oben, um im 4. Bund zu spielen. Die restlichen zwei Noten werden mit dem Ring- bzw. dem kleinen Finger gespielt.

Führe den Slide mit dem Zeigefinger auf *jeder* Saite aus. Wenn du dies einige Male geübt hast und mit dem Slide vertraut bist, wirst du feststellen, dass er das schnelle Spielen der Tonleiter erleichtert.

Als Nächstes spielen wir die „krabbelnde" Skalenform, beginnend auf der tiefen E-Saite. Beginne wieder mit dem Zeigefinger und spiele einen Slide nach oben, um die nächste Note zu spielen. Jede Saite hat das gleiche Muster mit vier Noten pro Saite wie zuvor.

Wenn du die Tonleiter abwärts spielst, führst du den Slide in umgekehrter Reihenfolge aus: Spiele die höchste Note mit dem kleinen Finger, die nächste mit dem Ringfinger, die nächste mit dem Zeigefinger und dann den Slide einen Bund nach unten, um die letzte Note des Musters mit dem Zeigefinger zu spielen.

Form 4

Beispiel 3d

Verbringe viel Zeit damit, alle vier Formen auf- und absteigend zu üben, bis die Muster im Muskelgedächtnis abgespeichert sind. Wenn du die Möglichkeit hast, spiele einen statischen C7b9-Akkord als Loop. Es ist wichtig, den *Sound* der Skala zu verinnerlichen und nicht nur die Form.

Den Sound der Intervalle einbetten

Schauen wir uns nun einige intervallische Übungen zur verminderten Tonleiter an, die den Übungen in den vorherigen Kapiteln ähneln. Wenn du diese sorgfältig durcharbeitest, wirst du die Intervalle der verminderten Tonleiter schnell verinnerlichen und bereit sein, sie in einem kreativen Kontext einzusetzen.

Spiele zunächst die Tonleiter auf- und absteigend in Terzen durch. Aufgrund des einzigartigen Aufbaus dieser Skala wirst du hören, dass sie nie so klingt, als würde sie sich auflösen.

Beispiel 3e

Versuchen wir das noch einmal, aber dieses Mal mit dem *Auf-Ab*-Muster gespielt.

Beispiel 3f

Ich werde hier nicht alles einzeln durchbuchstabieren, aber zu Beginn des Kapitels haben wir verschiedene Formen untersucht, die wir für die verminderte Tonleiter verwenden können, und du kannst diese intervallischen Muster auf jede von ihnen anwenden. Gehe zurück und arbeite mit allen Formen, indem du sie in Terzen spielst und dann in Terzen auf und ab.

Beispiel 3g zeigt die verminderte Tonleiter, gespielt in aufsteigenden Quarten. Der Fingersatz ist absteigend genau derselbe, also finde heraus, wie du ihn rückwärts spielen kannst.

Beispiel 3g

Versuche nun, die Tonleiter in Quarten mit dem *Auf-Ab*-Muster zu spielen. Hier ist es aufsteigend und absteigend.

Beispiel 3h

Wenn du die Tonleiter in Quarten als Doppelgriffe spielst, entstehen einige cool klingende Formen, mit denen du riffartige Licks erzeugen kannst. Auf dem Audio hörst du dies aufsteigend und absteigend gespielt.

Beispiel 3i

Jetzt spielen wir die verminderte Tonleiter in Quinten. Dies ist eine interessante Übung und du solltest das Muster erkennen, wie die Intervalle auf dem Griffbrett als Tritonus (verminderte Quinten, b5) angeordnet sind. Diese Art, die Tonleiter zu spielen, hebt ihren dunklen, unaufgelösten Klang besonders hervor. Probiere es aus!

Beispiel 3j

Spiele nun die Tonleiter in Quinten mit dem *Auf-Ab*-Muster.

Beispiel 3k

Nun spielen wir die Tonleiter in Sexten.

Beispiel 3l

Hier wird die Skala in Sexten mit dem *Auf-Ab*-Muster gespielt.

Beispiel 3m

Spiele schließlich die Tonleiter mit Sextintervallen durch, die als Doppelgriffe angeordnet sind. Es lohnt sich, eine Weile mit diesem Sound über einem C7b9-Vamp zu experimentieren, denn so lassen sich leicht einige markant klingende Riff-Ideen erzeugen. Du kannst den Backing Track dieses Kapitels zum Ausprobieren verwenden.

Beispiel 3n

Transponieren der Skala in andere Tonarten

Die Patterns mit drei Noten pro Saite, die du zu Beginn dieses Kapitels gelernt hast, bieten eine einfache Möglichkeit, die verminderte Tonleiter in andere Tonarten zu transponieren. Die folgenden Musikbeispiele basieren auf einem Bb-Dominant-Funk-Vamp, also müssen wir das tonale Zentrum der Skala von C zu Bb umwandeln.

Hier zur Erinnerung die Regel zur Erzeugung des verminderten Sounds über einem Dominant-Akkord:

Spiele die verminderte Skala einen Halbtonschritt über dem Grundton des Dominantakkords.

Über dem Bb7-Akkord verwenden wir also die verminderte Tonleiter in B. Wie zuvor wollen wir diese Skala jedoch vom *Grundton des Akkords* aus denken - obwohl wir also die verminderte Tonleiter in B spielen, *verankern* wir sie auf der Bb-Note, die unser tonales Zentrum ist.

Um die Tonleiterform umzuwandeln, musst du einfach alles um einen Ton von C nach Bb verschieben. Für Form 3 zum Beispiel beginnst du das Pattern jetzt auf dem ersten Bund der A-Saite.

Gehe nun alle Tonleiterformen durch und übe sie mit dem tonalen Zentrum in Bb. Probiere auch einige der intervallischen Übungen – spiele nicht einfach die Tonleitern auf und ab!

Vermindertes Vokabular aufbauen

Jetzt wollen wir ein paar verminderte Vokabeln lernen. Wie zuvor werden wir die Dinge mit einigen Rock-Blues-Licks mischen. Das Lick, das sich über die ersten beiden Takte erstreckt, erzeugt einen bluesig-verminderten Sound. Der Trick, um diesen Effekt zu erzielen, besteht darin, die Bluesskala zu spielen, aber die Quarte zu entfernen (in diesem Fall eine Bb-Blues-Skala ohne die Eb-Note). Das Ergebnis ist eine Skalenform, die nur die Noten der verminderten Skala verwendet. Das Lick endet auf einer A-Note statt auf einem Ab, um die Spannung zu erhöhen.

In den Takten 3-4 gehen wir zu einer Phrase über, die breitere Intervalle hat. Wenn wir diese Idee in ihre Bestandteile zerlegen, sehen wir, dass es sich um zwei Gruppen von Terzintervallen handelt (beginnend mit der Db-Note im 14. Bund), gefolgt von drei Gruppen von Quinten. Die Phrase überschreitet den Taktstrich und endet in Takt vier auf einer Db-Note, um die b9-Spannung zu betonen.

Das ist eine Menge an Information, die man verarbeiten muss! Es unterstreicht die lebhafte Natur der verminderten Tonleiter. Nimm dir zunächst etwas Zeit, um den *Klang* der Phrase aufzunehmen. Du kannst wahrscheinlich hören, dass sie sich zum tonalen Zentrum nach Bb auflösen will, aber nie ganz ankommt. Die Auflösung dieser Idee finden wir am Anfang von Beispiel 3p.

Beispiel 3o

Die nächste Linie ist eine Frage- und Antwort-Idee. Die Phrase im Auftakt löst das vorherige Beispiel auf und beginnt eine bluesige „Frage"-Phrase. Die „Antwort" beginnt am Ende von Takt eins. Sie verwendet einen identischen Rhythmus, aber mit Noten aus der Bb-Halbton-Ganztonleiter.

Das Spielen einer „inside" klingenden Phrase, gefolgt von einer „outside" klingenden Phrase mit demselben Rhythmus, ist eine gute Möglichkeit, Spannung in dein Spiel zu bringen. Dein Publikum wird sich am starken Rhythmus orientieren und den outside Klang leichter akzeptieren, weil es einen Bezugsrahmen dafür hat.

Beispiel 3p

Im ersten Takt von Beispiel 3q verwendet die Linie bis zur letzten Drei-Noten-Phrase Noten der Bb-Halbton-Ganzton-Leiter. Die hier gespielten C-, A- und E-Noten implizieren, wenn sie über den Bb7-Vamp gelegt werden, einen Bb13(#11)-Akkord, der einen Bb-Dominant Klang erzeugt. Manchmal vergesse ich die Tonleiter und konzentriere mich einfach auf die Noten, die eine bestimmte Spannung über der Harmonie erzeugen sollen.

Beispiel 3q

Die nächste Idee beginnt im Dur-Blues-Bereich, geht aber allmählich in eine verminderte Skala über. Die vertraute, „inside" klingende Linie legt das Fundament für die folgende Spannung. Die größte Herausforderung besteht hier darin, das Gefühl des kaskadenartigen Laufs in den Takten 3-4 zu treffen. Höre dir das Audiobeispiel an und studiere, wie ich es spiele.

Beispiel 3r

Hier ist ein anspruchsvolles Lick, an dem du arbeiten kannst. Nach den einleitenden Blues-Bends folgt eine lange Passage aus größtenteils 1/32tel Noten, die sich über die Takte 3-4 erstreckt. Die einzige Möglichkeit, sich einer solchen Linie zu nähern, besteht darin, sie zu verlangsamen und in kleineren Abschnitten zu lernen. In Takt drei, nach der triolischen Phrase, solltest du die Linie als zwei Gruppen von acht Noten lernen. In Takt vier solltest du die Linie in vier Gruppen von Noten aufteilen, bevor du sie zusammenführst.

Wenn du alle Teile gut beherrschst, verbinde sie (immer noch langsam) miteinander, bevor du das Lick allmählich beschleunigst.

Beispiel 3s

Das nächste Beispiel zeigt eine sich wiederholende Sequenzierungsidee. Höre dir das Audio an und du wirst es sofort hören. Nach der einleitenden bluesigen Phrase folgen vier Gruppen von Vier-Noten-Phrasen - jeweils eine 1/32-Notentriole, gefolgt von einer 1/16-Note - die jeweils den verminderten Sound ausdrücken.

In der zweiten Hälfte des zweiten Taktes gibt es einen chromatisch durchsetzten verminderten Lauf bis zum Zielton B (A-Saite, Bund 14), wonach die Sequenzierungsidee erneut beginnt. Diesmal entwickle ich die Idee in Fünf-Ton-Phrasen.

Beispiel 3t

Hier ist eine Linie, die „outside" beginnt, dann „inside" wird und dann allmählich wieder nach „outside" driftet. Obwohl die ganze Linie in Gruppen von kurzen Vier-Noten-Phrasen aufgebaut ist, hat sie ein starkes 1/16-Triolen-Gefühl, das sich gegen den darunter liegenden Funk-Groove bewegt. Hör dir das Audiobeispiel genau an und spiele mit, um das Timing und Feel zu erfassen. Es ist wichtig, dass es groovt.

In Takt vier nutzt das Licks die Symmetrie der verminderten Tonleiter. Denke daran, dass verminderte Phrasen auf dem Griffbrett in kleinen Terzen (drei Bünde) bewegt werden können, so dass du jedes verminderte Lick oder jede Sequenz auf dem Hals in Schritten von drei Bünden nach oben oder unten bewegen kannst.

Der Fokus des nächsten Beispiels liegt auf den Takten 3-4. Auch hier überlege ich, welche Spannungen der Bb-Halbton-Ganzton-Leiter über die zugrunde liegende Bb7-Harmonie gelegt werden können. Jede kurze Phrase enthält Spannungsnoten, die eher den Klang von Bb7alt als einen geraden Bb7-Akkord suggerieren.

Beispiel 3v

Als Nächstes folgt ein Lick, das mit einer aufsteigenden Linie beginnt, die sich bis zum Beginn von Takt zwei fortsetzt. Sie besteht hauptsächlich aus Bb-Halbton-Ganzton-Tonleiternoten, aber ich habe einige Durchgangstöne hinzugefügt, um eine glattere Linie zu schaffen.

Für den Rest dieses Licks greife ich die Idee der Sequenzierung von vorhin wieder auf, aber dieses Mal gibt es größere Saitensprünge zwischen den Phrasen. Takt drei beruht auf dem symmetrischen Muster der Tonleiter und der Art und Weise, wie sie sich für Ideen eignet, die sich in kleinen Terzen bewegen. Wenn wir eine Idee auf der G-Saite spielen, kann sie praktischerweise Bund für Bund auf der hohen (oder tiefen) E-Saite wiederholt werden, und das Ergebnis sind zwei Phrasen, die eine kleine Terz auseinander liegen.

Beispiel 3w

Beispiel 3 vervollständigt die Idee der Sequenzierung des vorherigen Beispiels. Die Idee des Saitenspringens, die in der ersten Hälfte des ersten Taktes beginnt, verschleiert fast das Standard-Blues-Lick, das die erste Hälfte des zweiten Taktes füllt, dann geht es mit dem alterierten Sound weiter.

Beispiel 3x

Schließlich folgt eine kaskadenartig absteigende Linie, deren Ziel es ist, im vierten Takt auf dem Bb zu landen, um die Harmonie zu erden.

Beispiel 3y

Nachdem du die einzelnen Linien und Phrasen geübt hast, ist es an der Zeit, das komplette Solo in Angriff zu nehmen. Einige der Phrasen werden an leicht unterschiedlichen Stellen im Takt vorkommen. Höre dir das zunächst das komplette Solo an und gehe dann eine Phrase nach der anderen durch. Du wirst **hören, wo ich im Solo Pausen mache, d. h. wo eine Idee endet und eine andere beginnt. Arbeite** daran, die einzelnen Läufe und Motive zu isolieren und zu beherrschen.

Beispiel 3z

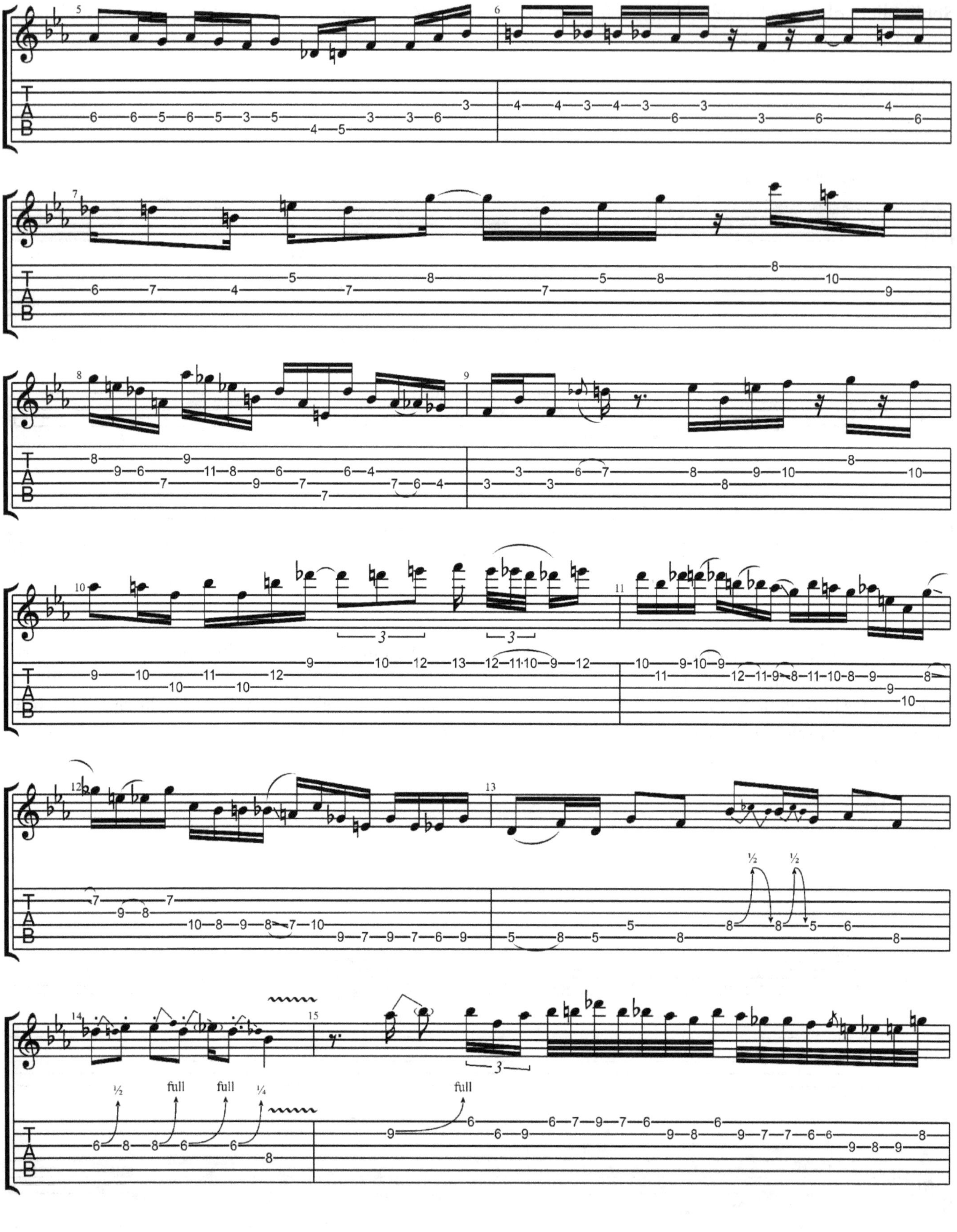
½
½
½
full
full
¼
full

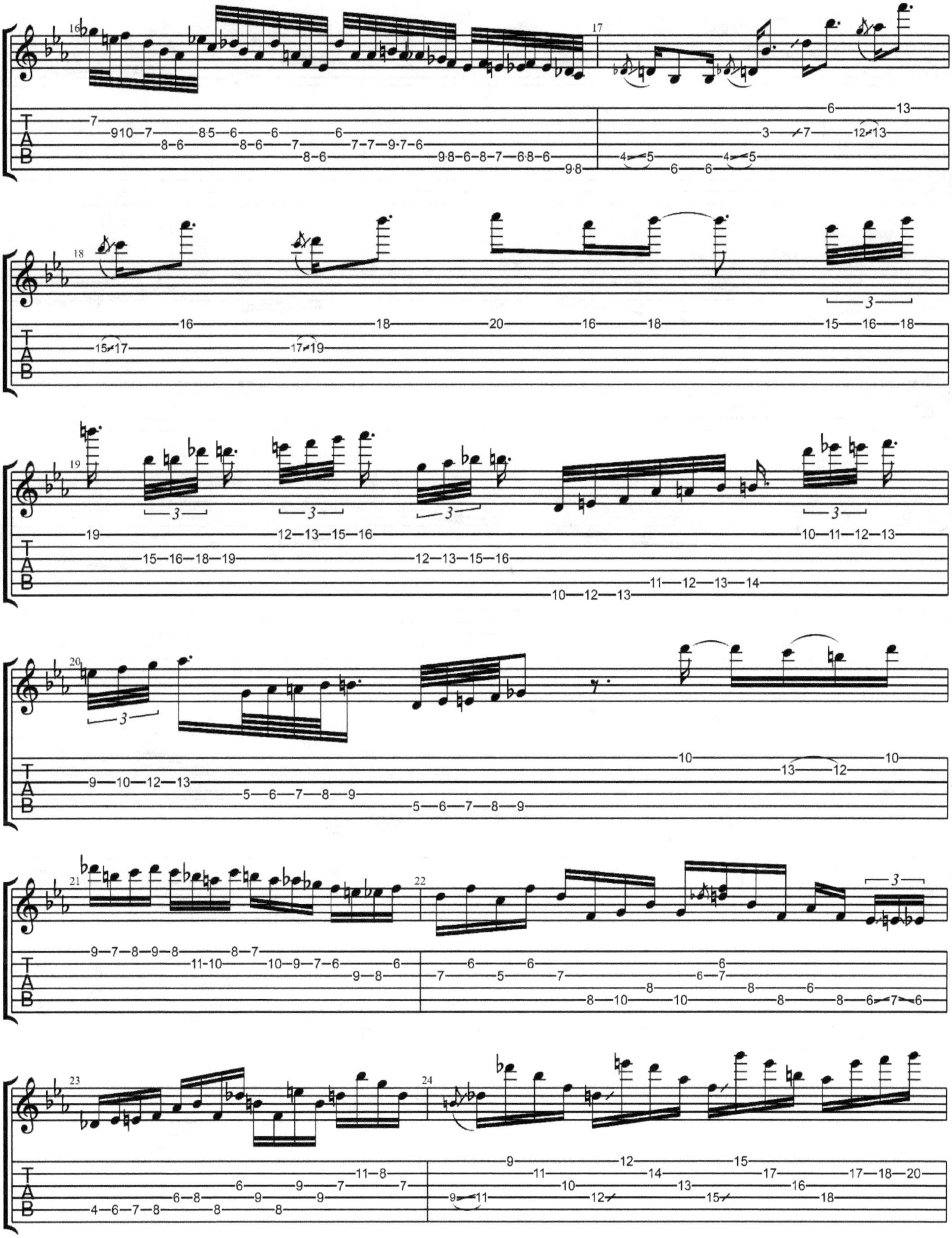

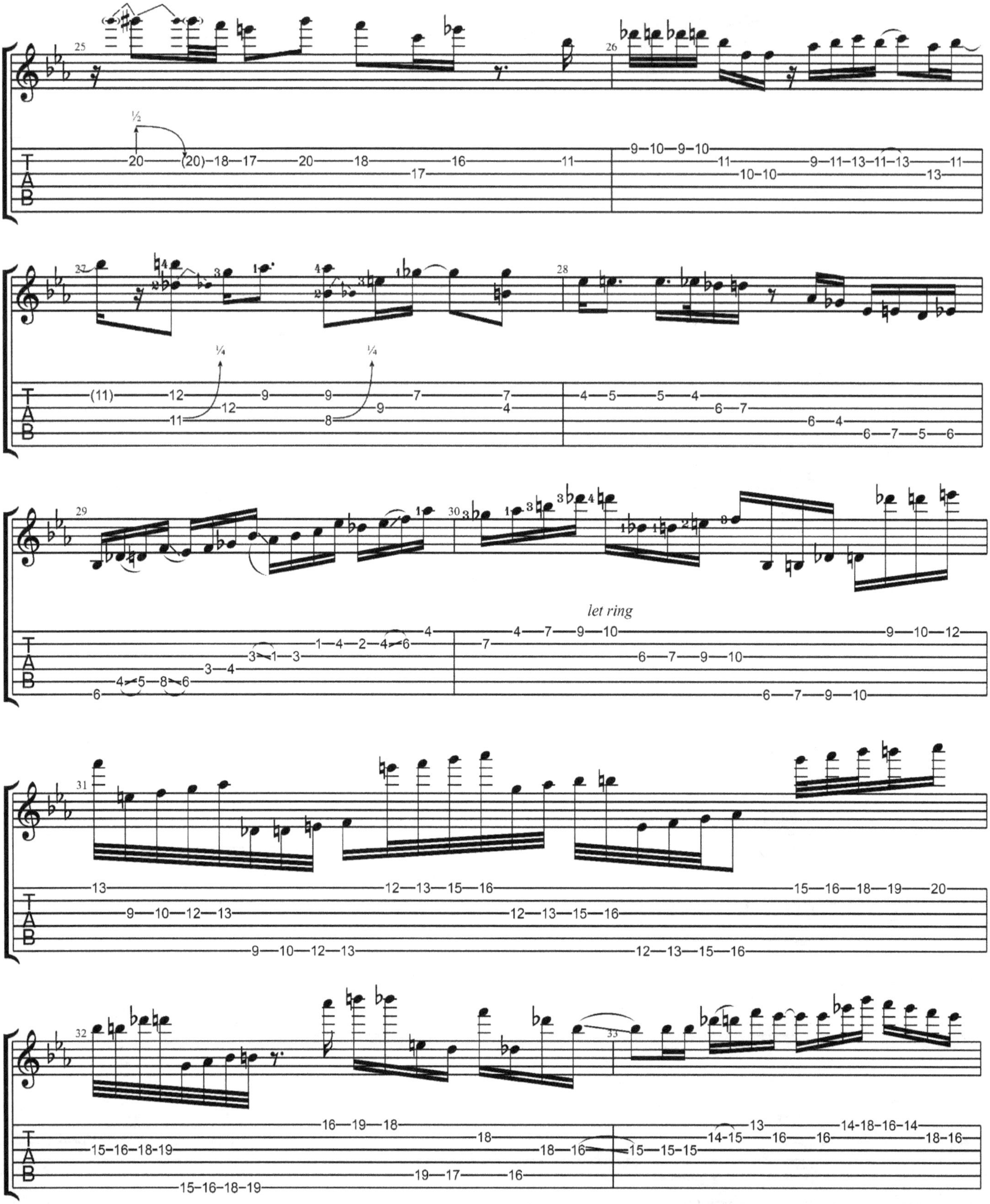
let ring

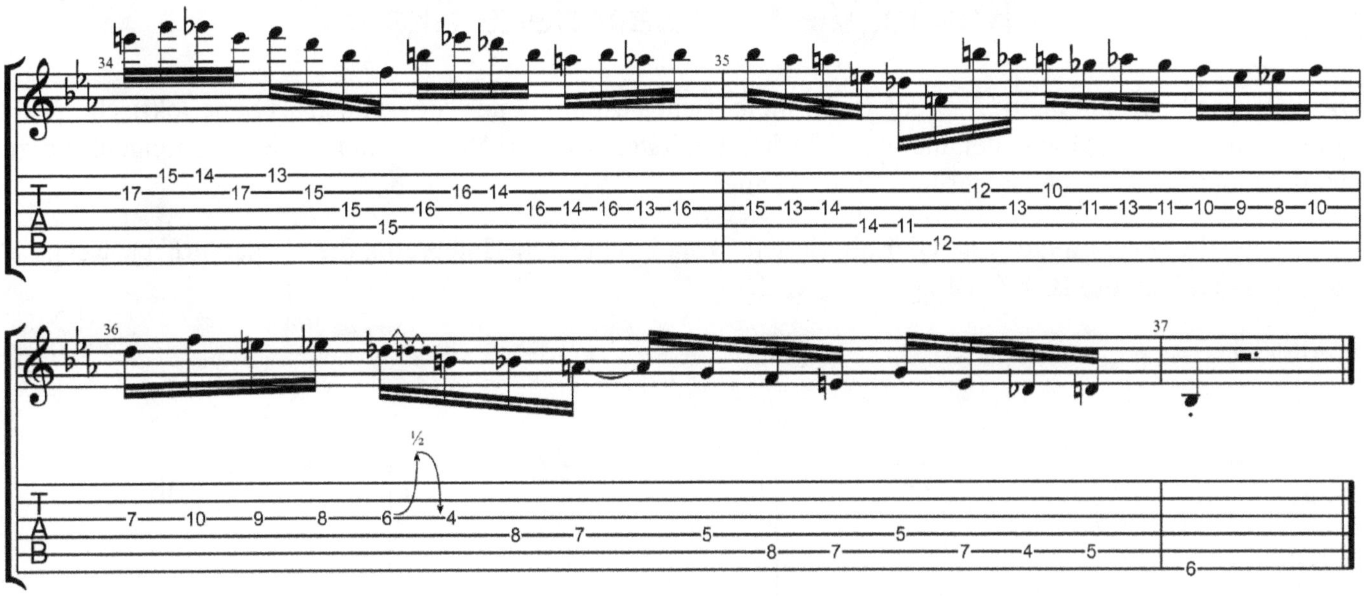
34
35
TAB
36
½
37
TAB

Kapitel Vier - Die alterierte Skala

Die alterierte Skala hat ihren Ursprung in der melodischen Molltonleiter. Sie ist auch als Superlokrische Skala bekannt, als siebter Modus der melodischen Molltonleiter und enthält alle alterierten Spannungen, die zu einem Dominantakkord hinzugefügt werden können.

Nachfolgend findest du die Noten der alterierten Skala in C und die Intervalle, die sie hervorhebt, wenn sie über einen C7-Akkord (C E G Bb) gespielt wird:

C Alteriert

C	Db	D#	E	Gb	G#	Bb
Grundton	b9	#9	3.	b5	#5	b7

C Alteriert enthält den Grundton, die 3. und die b7 von C7 sowie alle möglichen Alterationen, die an einem Dominantakkord vorgenommen werden können, so dass wir die Spannungsnoten b5, #5, b9 und #9 erhalten.

Dies macht die Skala zur perfekten Wahl für den einfachen Zugang zu einigen lebhaften Spannungsnoten und Farbtönen über Dominantakkorden. Wir können uns auf bestimmte Spannungstöne der Skala konzentrieren, z. B. nur auf den Ton b9, oder einfach alle verfügbaren Spannungen verwenden, um komplexere Inside-Outside-Melodielinien zu erzeugen.

Nach diesem kleinen theoretischen Exkurs möchte ich dir nun erklären, wie ich diese Tonleiter sehe und wie ich sie in realen musikalischen Situationen anwende.

Für mich ist die alterierte Tonleiter eine Kombination aus der verminderten Tonleiter und der Ganztonleiter, und wenn man das versteht, ist sie viel leichter zu lernen. Ich stelle sie mir folgendermaßen auf dem Griffbrett vor. Schaue dir diese Skalenform in der dritten Position an, mit dem Grundton auf der A-Saite:

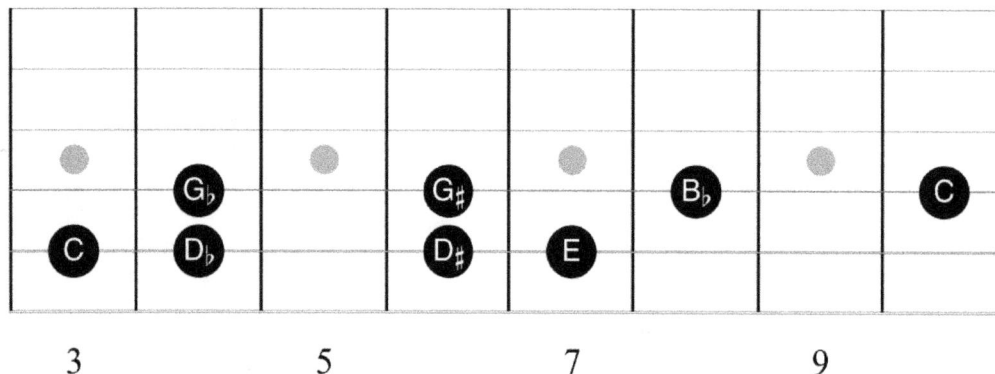

Beachte, dass die vier Noten auf der A-Saite denen der verminderten Tonleiter entsprechen (fett hervorgehoben):

C# Vermindert = **C, Db, D#, E**, F#, G, A, Bb

Die vier Töne auf der D-Saite spiegeln die Töne der Ganztonleiter wider.

C-Ganztonleiter = C, D, E, **Gb, Ab/G#, Bb, C**

Der Grundton C verbindet diese beiden Skalenfragmente miteinander.

Das obige Muster wiederholt sich über alle Saitensätze hinweg, und wir können es einfach wiederholen, um den Hals schnell auf- und abzusteigen und dabei den größten Teil des Griffbretts abzudecken.

Wenn ich die alterierte Skala verwende, um melodische Ideen zu entwickeln, stelle ich mir dieses Muster auf dem Griffbrett vor - ein vermindertes Muster auf einer Saite und ein Ganztonmuster auf der nächsten.

In der Praxis bedeutet dies, dass ich leicht eine Mischung aus verminderten und Ganzton-Ideen spielen kann, indem ich mich auf die verschiedenen Seiten der Tonleiter konzentriere. Ich weiß, dass die verminderte Seite die Spannungstöne b9 und #9 enthält, und die Ganzton-Seite die Töne b5 und #5. Ein großer Teil des modernen Vokabulars, das ich verwende, ergibt sich aus der Nutzung dieses geometrischen Musters für die Tonleiter.

Wir können die Sequenz etwas ökonomischer spielen, indem wir eine Note aus dem Ganztonsegment der Tonleiter auf die nächste Saite verschieben, etwa so:

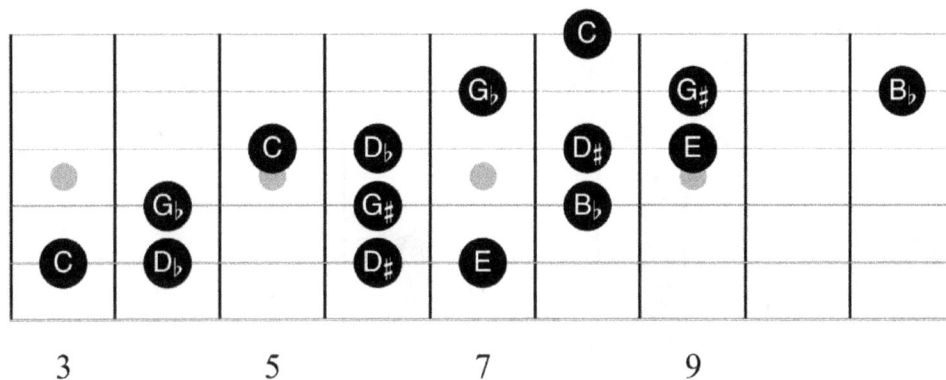

Spiele die Tonleiter aufsteigend, beginnend auf der A-Saite, dritter Bund. Wenn du abwärts spielst, kannst du die Tonleiter-Noten auf der tiefen E-Saite hinzufügen, aber denke daran, dass es wichtig ist, die Form der Tonleiter von ihrem Grundton aus zu kennen und zu visualisieren.

Beispiel 4a

Spiele als Nächstes die Tonleiterform mit dem Grundton auf der tiefen E-Saite, achter Bund, durch. Höre dir an, wie sie über einem C7#5-Akkord klingt.

Wir können dieses Muster natürlich auch weiter oben auf dem Griffbrett spielen, wie du in Beispiel 4b hören wirst.

Beispiel 4b

Übe diese Skalenformen, bis der Klang der Intervalle für dich so natürlich und vorhersehbar klingt wie die Durtonleiter.

Den Klang der Intervalle einbetten

Nach der Methode, die wir in diesem Buch verwendet haben, werden wir nun einige Intervalle der alterierten Tonleiter durcharbeiten, um ihren Klang weiter zu verankern.

Wir beginnen mit der alterierten Skala in C, die in Terzen auf- und absteigend gespielt wird.

Beispiel 4c

Versuche es nun mit dem *Auf-Ab*-Muster und spiele über einen geloopten C7b9-Akkord.

Wie klingt die Skala für dich? Wie würdest du ihre Klangfarbe im Vergleich zur verminderten Tonleiter aus dem vorherigen Kapitel beschreiben? In meinen Ohren klingt die alterierte Skala stabiler als die verminderte Tonleiter, aber sie hat immer noch viel Spannung.

Beispiel 4d

Du kannst die Intervalle immer gleichzeitig spielen, um doppelgriffartige Formen zu bilden. Diese können nützlich sein, wenn du begleiten oder riffähnliche Soli erzeugen möchtest. Hier haben wir Doppelgriffe auf der Basis von Terzen.

Beispiel 4e

Als Nächstes hören wir uns die Tonleiter in Quarten an. Wir gehen direkt dazu über, sie mit dem *Auf-Ab-*Muster zu spielen.

Beispiel 4f

Wenden wir nun wieder das *Auf-Ab-*Muster an, aber diesmal mit Quinten.

Beispiel 4g

Das Spielen von Sexten mit der alterierten Skala erzeugt natürlich einen anderen Effekt als der Country-Effekt der Dur-Tonleiter, aber sie klingen großartig über alterierten Dominant-Akkorden und sind leicht zu spielen. Übe das *Auf-Ab-*Muster für C Alteriert in Sexten und probiere diese Formen auch als Doppelgriffe aus.

Beispiel 4h

In den letzten vier Übungen wird die alterierte Tonleiter in größeren Intervallen - Septimen und Nonen - erkundet. Je größer der Abstand zwischen den Intervallen wird, desto wichtiger wird es, die Greifhand einen Sekundenbruchteil vor der nächsten Phrase in Position zu bringen, da ein gewisses Herumspringen auf dem Griffbrett erforderlich ist.

Jeder wird seine eigenen Vorlieben haben, wenn es um den Fingersatz dieser Intervalle geht, daher sage ich nur: *Plane voraus* und versuche, die Position auf logische Weise zu wechseln. Wenn du eine andere Art und Weise findest, die Übung zu spielen, als unten beschrieben ist, kannst du sie gerne ändern!

Hier ist C Alteriert in Septimen organisiert.

Beispiel 4i

Spiele nun die Tonleiter in Septimen mit dem *Auf-Ab*-Muster durch. Du wirst hören, dass diese breiteren Intervalle fast den Klang einer klassischen Etüde annehmen.

Beispiel 4j

Zum Schluss spielen wir die Tonleiter in Nonen durch. Zuerst gerade, dann mit dem *Auf-Ab*-Muster. Diese Übungen enthalten große Sprünge, also stelle sicher, dass du sie sauber spielst.

Beispiel 4k

Konzentriere dich bei dieser Übung auf die Position deiner Greifhand und nehme Änderungen vor, wenn du eine Spielweise findest, die besser zu deiner Technik passt.

Beispiel 41

Transponieren der Skala in andere Tonarten

Jetzt können wir uns an einige melodische Linien machen. Das folgende Vokabular der alterierten Skala wird über einem funky Vamp eines D9-Akkords gespielt, was bedeutet, dass wir die Tonleiter um einen Ton nach oben transponieren müssen, um die alterierte Skala in D zu spielen.

Ich empfehle dir, die Intervallübungen noch einmal durchzuarbeiten und sie nach D zu transponieren. Es ist wichtig, dass du deine Ohren trainierst, um diese Intervalle wirklich *zu hören* und zu verinnerlichen.

Verwende die Skalenformen, die du zuvor gelernt hast und übe sie über einem D7#9-Akkord. Hier ist ein Diagramm, das eine ökonomische Form in der fünften Position für D Alteriert zeigt. Arbeite mit der E-Saiten-Form in deiner nächsten Übungsstunde.

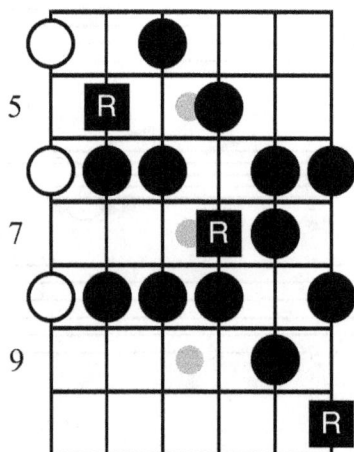

Hinzufügen von Dreiklängen und Arpeggien

Bisher haben wir uns der alterierten Farbe nur über ihre Tonleitermuster genähert, aber es gibt noch andere reichhaltig klingende Strukturen in der Tonleiter, die wir für melodische Linien verwenden können.

Bevor wir uns mit dem Vokabular beschäftigen, möchte ich dir kurz zeigen, wie du Dreiklänge und Arpeggien aus jeder Note der alterierten Tonleiter aufbauen kannst. Diese Strukturen eignen sich hervorragend, um die Tonleitermuster aufzubrechen und neue Ideen für das Solospiel einzuführen.

Wenn wir die alterierte Tonleiter auf traditionelle Weise harmonisieren (durch Stapeln von Noten in Terzen), entstehen zwei verminderte Dreiklänge, zwei Moll-Dreiklänge, zwei Dur-Dreiklänge und ein übermäßiger Dreiklang. Hier sind die Noten von D Alteriert:

D	Eb	F	Gb	Ab	Bb	C

Beginnt man mit dem Grundton D und stapelt Noten, um einen Dreiklang zu bilden, erhält man D vermindert (D, F, Ab). Geht man zur zweiten Note und stapelt Terzen übereinander, erhält man Eb-Moll (Eb, Gb, Bb). Wenn wir diesen Prozess fortsetzen, erhalten wir die folgende Reihe von Dreiklängen:

Ddim	Ebm	Fm	GbAug	AbMaj	BbMaj	Cdim
D F Ab	Eb Gb Bb	F Ab C	Gb Bb D	Ab C Eb	Bb D F	C Eb Gb

Wir können diese einfachen Strukturen verwenden, um beim Solospiel Linien zu bilden, aber wir können auch eine vierte Note zu jeder von ihnen hinzufügen, um Sept-Arpeggio-Strukturen zu bilden.

Dm7b5	Ebm(Maj7)	Fm7	GbMaj7#5	Ab7	Bb7	Cm7b5
D F Ab C	Eb Gb Bb D	F Ab C Eb	Gb Bb D F	Ab C Eb Gb	Bb D F Ab	C Eb Gb Bb

Spiele die folgende Übung durch, bei der diese Arpeggien zyklisch durchlaufen werden. Höre hin und nimm ihren Klang auf. Finde zur Übung heraus, wie du sie in einem anderen Bereich des Halses spielen kannst.

Beispiel 4m

Obwohl wir hier nur an der Oberfläche kratzen, kannst du aus der obigen Tabelle/Übung ersehen, dass die Erkundung der Arpeggien, die der alterierten Skala in D eigen sind, einige interessante Klangfarben hervorbringen können. Diese Arpeggien haben das Potenzial, melodische Ideen zu erzeugen, auf die du beim Spielen über einen D-Dominant-Vamp vielleicht nicht gekommen wärst.

Wie können wir diese Idee also weiter erforschen?

Es besteht immer die Gefahr, dass man von den Optionen überwältigt wird, wenn man sich in eine solche Skala vertieft, und man gibt oft auf und spielt das, was man kennt, anstatt neue Wege zu gehen. Um dies zu vermeiden, schlage ich vor, nur *eines* der oben genannten diatonischen Arpeggien zu nehmen und damit über einen D7-Vamp zu improvisieren, um zu hören, welchen Sound es erzeugt.

Nimm zum Beispiel das Arpeggio GbMaj7#5 und spiele es über den D7-Vamp-Backing-Track, der diesem Kapitel beiliegt.

Das Arpeggio GbMaj7#5 hat die Noten Gb, Bb, D und F.

Die Noten D und Gb (enharmonisch F# genannt) finden sich in der mixolydischen Tonleiter in D, während die Noten B und F spezifisch für die alterierte D-Tonleiter sind.

Das bedeutet, dass du zwei *inside* klingende Noten und zwei *outside* klingende Noten hast, mit denen du experimentieren kannst. Probiere diese Idee jetzt aus und schau, welche einfachen Licks und Phrasen du *nur* mit diesem Arpeggio über dem Backing-Track erzeugen kannst.

Um dir dabei zu helfen, habe ich unten ein Diagramm eingefügt, das das Arpeggio auf dem Griffbrett abbildet. Nimm dir etwas Zeit, um die Noten zu erkunden und spiele alle offensichtlichen geometrischen Muster, die dir auffallen, um eine kurze Phrase zu bilden. Du wirst feststellen, dass du schnell ein neues Vokabular entwickeln wirst.

GbMaj7#5 Arpeggio Griffbrettkarte

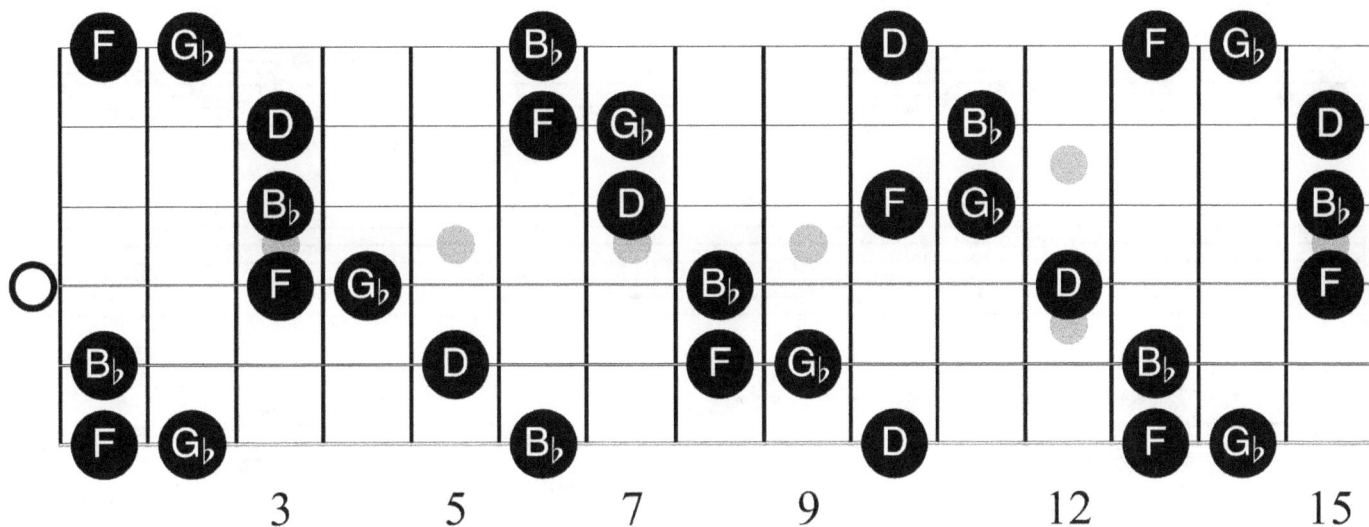

Dies ist ein kreativer Weg, um frisch klingende melodische Ideen in dein Solospiel einzubauen. Wenn du deine Ideen mit diesem Arpeggio ausgeschöpft hast, gehe zurück zur Tabelle und wähle ein anderes. Erstelle deine eigene Griffbrettkarte und verwende nur das neue Arpeggio, um weitere melodische Phrasen zu erzeugen. Auf diese Weise kannst du dein Vokabular erweitern, ohne unter einer Informationsflut zu leiden.

Alteriertes Skalenvokabular aufbauen

Schauen wir uns nun an, wie man die alterierte Skala in einem Solokontext anwendet.

Als ich über den D7-Vamp spielte, der dieses Kapitel begleitet, hatte ich das Gefühl, dass er neben den Läufen und Sequenzen der alterierten Tonleiter nach einigen Blues-Licks im Stil von Stevie Ray Vaughn schreit. Oft legen Tempo und Tonart eines Stücks verschiedene Ideen nahe, und es geht darum, mit dem Flow zu gehen und zu sehen, wohin die Musik einen führt. In den folgenden Beispielen gibt es einige arpeggierte Passagen und du solltest sie so sauber wie möglich mit perfektem Picking spielen. Wenn du wie ich einen übersteuerten Sound verwendest, achte darauf, dass der Gain nicht eine schlechte Technik überdeckt!

NB: Um das Lesen zu erleichtern, sind diese Ideen in der Tonart G-Dur dargestellt (wobei D7 als V-Akkord betrachtet wird). Dadurch ist es viel einfacher zu erkennen, wenn ich eine alterierte Note in der Notation spiele.

Dieses erste Beispiel beginnt und endet mit einer bluesigen Idee und führt durch die schnellen Triller, die in der zweiten Hälfte von Takt drei beginnen, subtil alterierte Tonleiternoten ein. Die Linie deutet lediglich an, was noch kommen wird.

Beispiel 4n

Hier ist ein Beispiel dafür, wie ich ein Blues-Lick „verfremde", um für Abwechslung zu sorgen. Im Wesentlichen spiele ich eine einfache pentatonische Idee, aber die Hinzufügung von chromatischen Durchgangsnoten schafft mehr Interesse und Bewegung.

Beispiel 4o

Nach einem kurzen Blues-Lick zu Beginn des ersten Taktes geht dieses Lick zu einer alterierten Arpeggio-Idee über. Der mit gedämpfte aufsteigende Lauf in der zweiten Hälfte von Takt eins beginnt mit einer Variation des Ebm(Maj7)-Arpeggios aus der harmonisierten melodischen Molltonleiter, die wir uns zuvor angesehen haben (ich füge auch die None hinzu). Beim Absteigen der Linie ändere ich die Reihenfolge der Noten und das Arpeggio. Wenn du mit einer Griffbrettkarte des Arpeggios arbeitest, kannst du eigene, ähnliche Ideen entwickeln.

Für den Rest der Linie verwende ich eine Pedalton-Idee, bei der ich eine Note in der Tonleiter anvisiere und immer wieder zu ihr zurückkehre, nachdem ich benachbarte Skalentöne gespielt habe. Es ist kein Pedalton im engeren Sinne, aber mein Ansatz besteht im Wesentlichen darin, einen bestimmten Bereich des Halses anzusteuern und zu sehen, welche melodischen Ideen sich um diesen herum entwickeln lassen.

Beispiel 4p

Im nächsten Lick gehen wir nach den bluesigen Bends in einen absteigenden Lauf über, der mit einer intervallischen Idee beginnt. Das Lick in Takt drei wird mit vier Noten aus der mixolydischen D-Tonleiter eingeleitet, gefolgt von einer Pedalton-Idee, bei der die Note #5 aus D Alteriert mehrmals erwähnt wird, um eine D7#5-Harmonie anzudeuten. Der Rest dieser Linie kombiniert Noten aus D Mixolydisch und D Alteriert.

Beispiel 4q

Das nächste Lick beginnt mit einem dramatischen Lauf, der sich schnell über den gesamten Bereich des Halses erstreckt. Dies ist ein anspruchsvolles Lick. Damit es geschmeidig klingt, kombiniere zunächst die beiden Triolenphrasen mit 1/16 Noten und spiele sie legato, indem du die Noten auf den offenen Saiten mit Hammer-Ons spielst.

Um die Vier-Noten-1/32tel Phrase zu spielen, schlage ich vor, die letzten drei Noten der Phrase als kleine Akkordform zu halten. Spiele die G-Note (D-Saite, 5. Bund) und slide dann in der Akkordform einen Bund nach oben, um die restlichen drei Noten zu spielen. Von dort aus solltest du in der Lage sein, zur A#-Note auf der hohen E-Saite zu springen und den schnellen Slide bis hinauf zum 17. Bund auszuführen. Der Rest dieser Linie enthält einige weitere Standard-Blues-Vokabeln.

Beispiel 4r

Als Nächstes folgt ein 1/16-Notenlauf. Im ersten Takt stammen die meisten Noten aus der mixolydischen D-Tonleiter, aber beim Übergang in den zweiten Takt wird die Linie mit Noten aus D-Alteriert und chromatischen Durchgangsnoten unterbrochen.

In Takt drei beginnt die Phrase auf dem Schlag „2&" mit einem Ebm(Maj7)-Arpeggio. Erinnerst du dich an unsere Tabelle mit den Arpeggio-Optionen für D Alteriert? Ebm(Maj7) ist der zweite Akkord der harmonisierten Tonleiter und hebt über dem D7-Vamp die Terz von D7 hervor, plus die alterierten Farbtöne #5 und b9.

Beispiel 4s

Hier ist eine Linie, die mit einigen Blues-Vokabeln beginnt und endet und in der Mitte ein sequenziertes D Alteriert-Lick enthält. Die absteigende Linie in Takt drei enthält drei Dreiklänge aus der D Alteriert-Skala (Eb-Moll, D vermindert, Gb übermäßig) sowie einen Eb-Dur-Dreiklang, der mir gerade unter die Finger kam.

Beim Üben lohnt es sich, die zuvor gezeigte Tabelle mit den Dreiklängen noch einmal durchzugehen und auszuprobieren, wie sie zu kurzen melodischen Phrasen kombiniert werden können. Dreiklänge sind sehr stabile harmonische Strukturen und klingen „geerdet", auch wenn sie alterierte Noten enthalten.

Beispiel 4t

Beispiel 4u ist ein weiteres Beispiel für die bereits erwähnte Sidestepping-Technik. Es beginnt mit einer „inside" klingenden Blues-Idee, basierend auf der D-Moll-Pentatonik. Indem wir diese pentatonische Sprache um einen Halbtonschritt nach oben verschieben, gelangen wir zur Eb-Moll-Pentatonik. Dies ist eine einfache Bewegung auf der Gitarre und bietet eine leichte Möglichkeit, in das Gebiet von Eb-Melodisch-Moll zu gelangen (man bedenke, dass D Alteriert der siebte Modus der übergeordneten Eb-Melodisch-Moll-Tonleiter ist). Hier fallen die alterierten Spannungsnoten leicht unter die Finger. Nur eine Note der Eb-Moll-Pentatonik (Db, geschrieben als C#) gehört nicht zu Eb-Moll, aber ich korrigiere sie gegen Ende des Taktes zu einem natürlichen C, was mich wieder „inside" bringt.

Beispiel 4u

In der letzten Phase des Solos gibt es ein geradliniges Blues-Lick. Diese inside klingende Phrase bildet einen Kontrast zu dem darauffolgenden alterierten Lick. Der absteigende pentatonische Lauf am Ende verwendet verschiedene Kombinationen von Notengruppen, um eine synkopierte, unvorhersehbare Linie zu schaffen.

Beispiel 4v

Schließlich haben wir hier ein Arpeggio-getriebenes Lick, das sich vom alterierten Gebiet zurück zum Blues bewegt.

In Takt zwei sind die erste und die dritte der vier Notenphrasen Arpeggien aus der alterierten D-Tonleiter - Ebm(Maj7) bzw. Ab-Dur.

In der zweiten und vierten Phrase konzentriere ich mich auf den zugrunde liegenden D7-Akkord und füge Spannungsnoten hinzu. In der zweiten Phrase erzeugen die G- und D#-Noten einen D7sus(b9)-Klang. In der vierten Phrase betonen die Noten D# und F das b9 bzw. #9.

Wir haben nun alle Abschnitte des alterierten Solos durchgenommen. Höre dir die komplette Performance an, um zu sehen, wie diese Linien miteinander verbunden sind und das gesamte Stück bilden. Verbinde wie zuvor komplette Phrasen miteinander, bis jede melodische Idee in die nächste übergeht.

Sobald du alle Fingersätze und Positionsverschiebungen beherrschst, konzentriere dich auf die Musikalität und darauf, dass die Dinge wirklich grooven. Wenn du Teile des Solos knifflig findest, konzentriere dich eine Zeit lang nur auf diese Takte und verlangsame das Tempo, denn es ist wichtig, die Bewegungen im Muskelgedächtnis zu speichern. Wenn du das geschafft hast, wirst du bald schneller und sauberer spielen.

Spiele das Solo mit mir, indem du die Audiospur verwendest, und benutze dann den Backing-Track dieses Kapitels, um es allein zu spielen.

Beispiel 4x

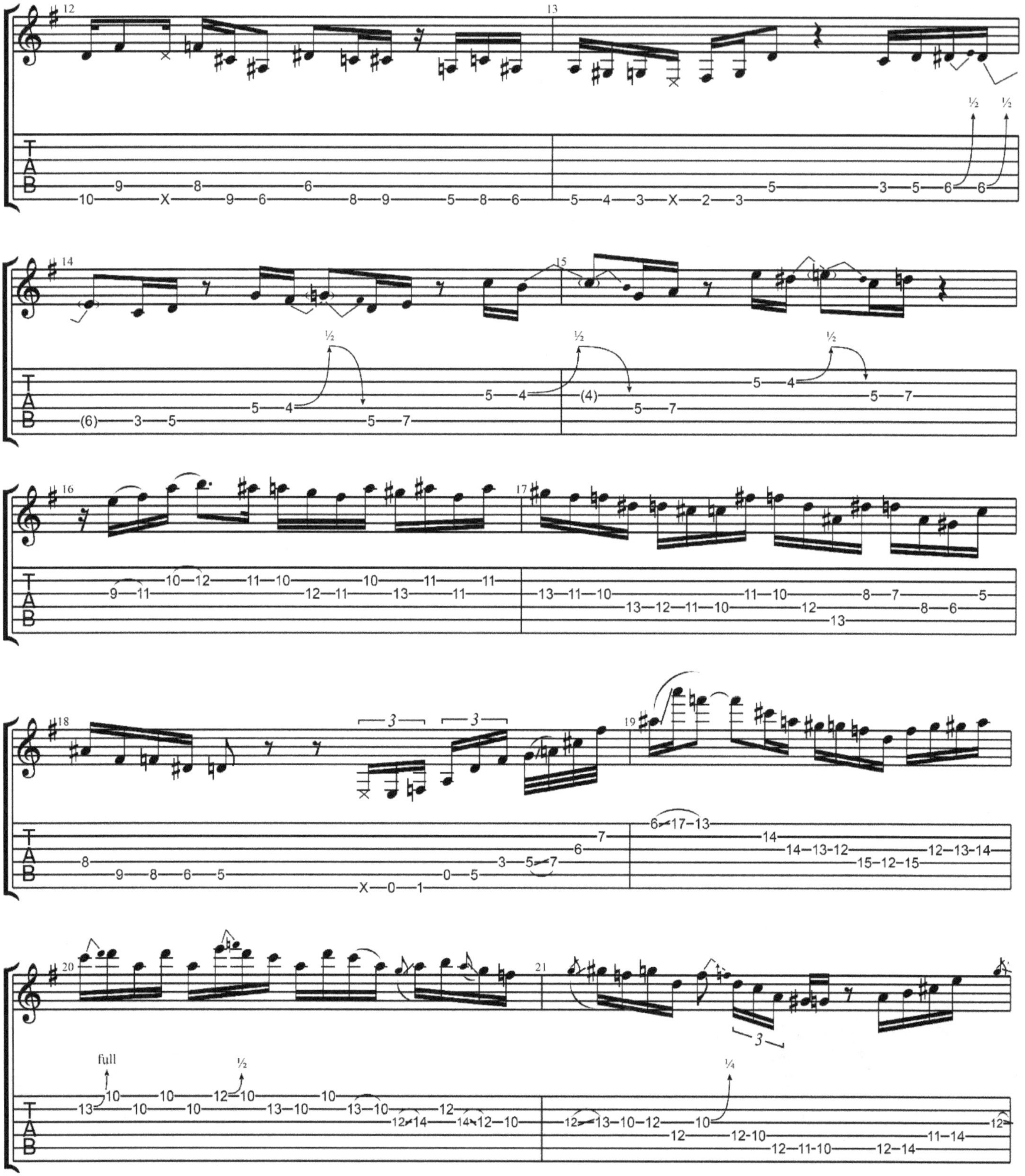
full
½
¼

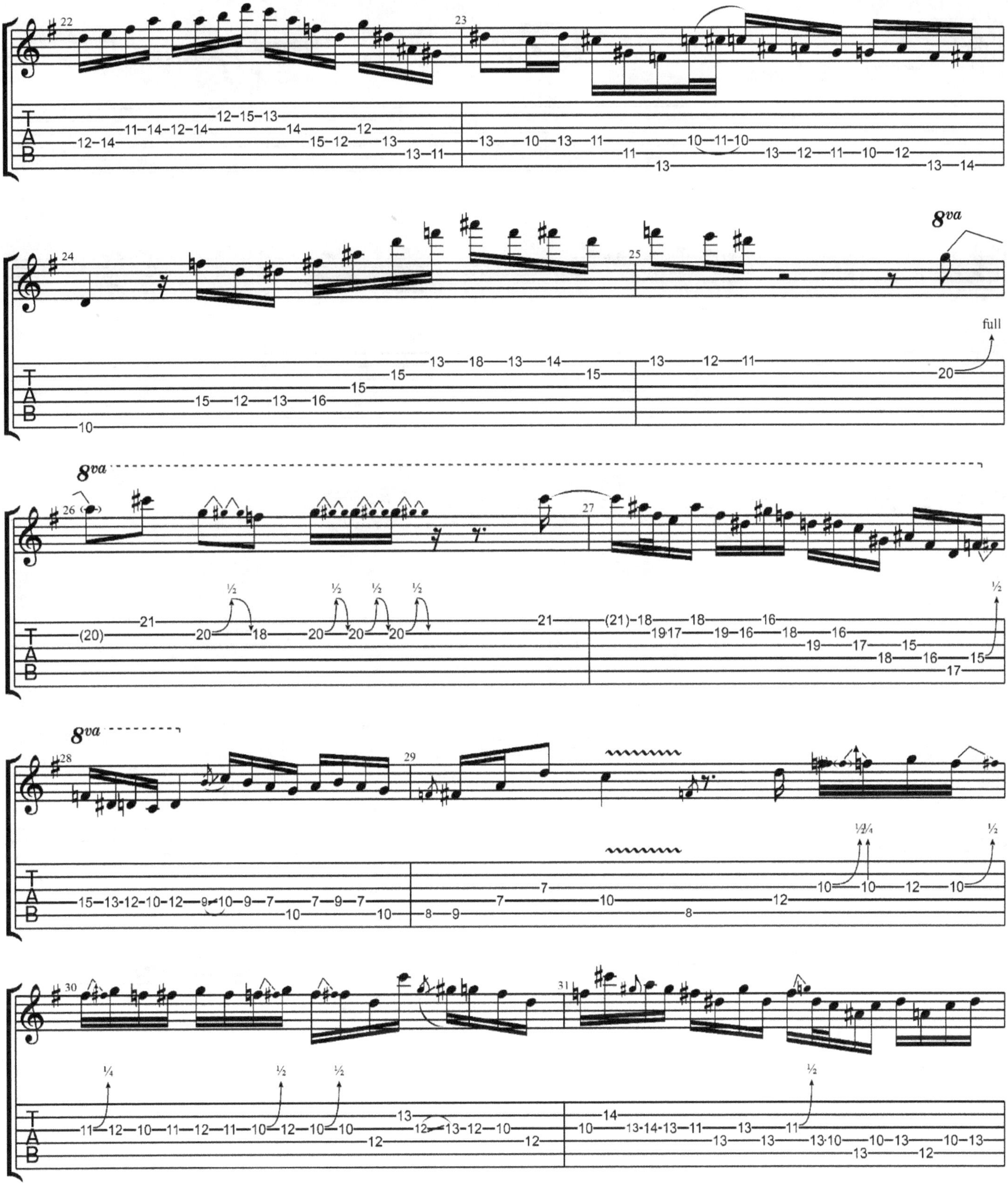
8va
full
TAB

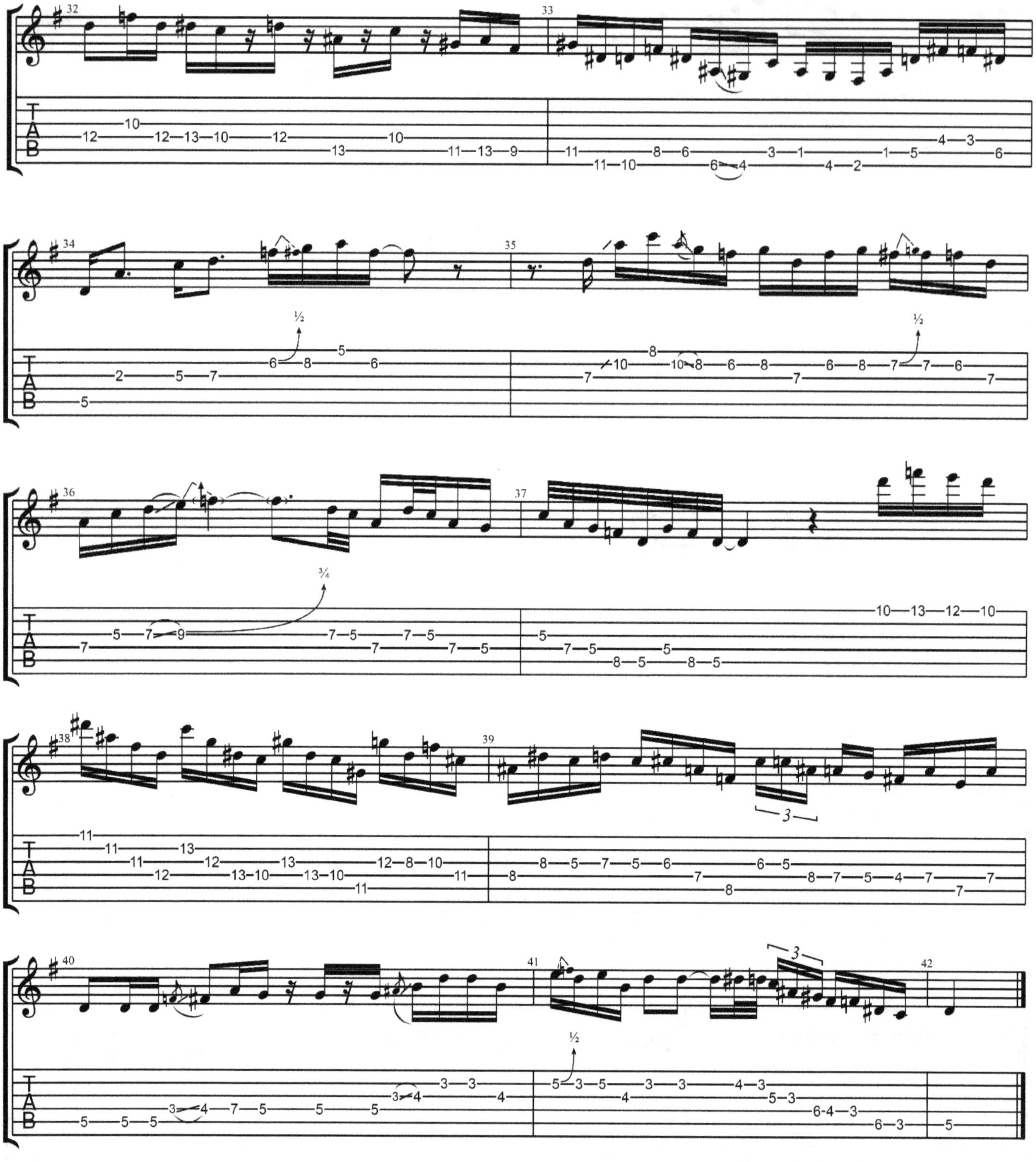

Kapitel Fünf - Mischen von Skalenfarben

Um unser Studium der Inside-Outside-Skalenfarben abzuschließen, habe ich beschlossen, ein längeres Solo über einen Up-Tempo-Blues in der Tonart D-Dur zu improvisieren. Die zugrundeliegende Harmonie ist sehr einfach - sie bleibt bei der Drei-Akkord-Blues-Sequenz und es gibt keine ungewöhnlichen Jazz-Akkordwechsel oder Substitutionen. Die Einfachheit der Harmonie trägt dazu bei, die Wirkung der alterierten Skalen hervorzuheben, wenn sie darüber gespielt werden. Es ist viel einfacher, die Spannung und Auflösung in der Musik zu hören.

Mein Ziel war es, ein mitreißendes Solo zu spielen, das auf eine Reise geht und verschiedene Motive entwickelt. Die Musik muss immer an erster Stelle stehen! Das zweite Ziel war es, all die alterierten Skalenfarben, die wir in diesem Buch studiert haben, zu mischen und miteinander zu verbinden. Beachte dabei, dass ich nicht überlegte: *„Jetzt muss ich die verminderte Halbton-Ganztonleiter in D über dem Akkord D9 spielen...“*, denn wenn man zu sehr über die Anwendung musikalischer Ideen nachdenkt, führt das oft zu einer schwachen oder gekünstelten Darbietung.

Je öfter du dir diese alterierten Skalen anhörst, desto mehr wirst du ihren Klang aufnehmen. Und je mehr Zeit du damit verbringst, diese Skalen zu üben und mit ihnen zu arbeiten, desto mehr werden sie ganz natürlich in deinem Spiel auftauchen.

Ich werde dir nicht Punkt für Punkt erklären, welche Tonleiter ich wo in diesem Stück verwendet habe, aber wenn du die Linien studierst, versuche, einige der intervallischen Muster zu erkennen, die wir in den vorherigen Kapiteln durchgearbeitet haben.

Wie immer solltest du dieses Solo in überschaubare Abschnitte unterteilen. Achte darauf, wo ich im Solo eine Atempause einlege, indem ich eine Idee abschließe, bevor ich zur nächsten übergehe.

Denke daran, dass es hilfreich ist, eine vollständige Phrase zu lernen, die einen Anfang, eine Mitte und ein Ende hat. Lasse dich nicht von den Taktstrichen einschränken - die meisten meiner Phrasen gehen über mehrere Takte.

Vergiss auch nicht, dass du alle Ideen, die du gelernt hast, mit den Backing Tracks üben kannst, die diesem Buch beiliegen. Jamme über den D-Blues-Track und sehe, welche Ideen dir einfallen.

Alles Gute und viel Spaß beim Spielen!

Oz

Beispiel 5a

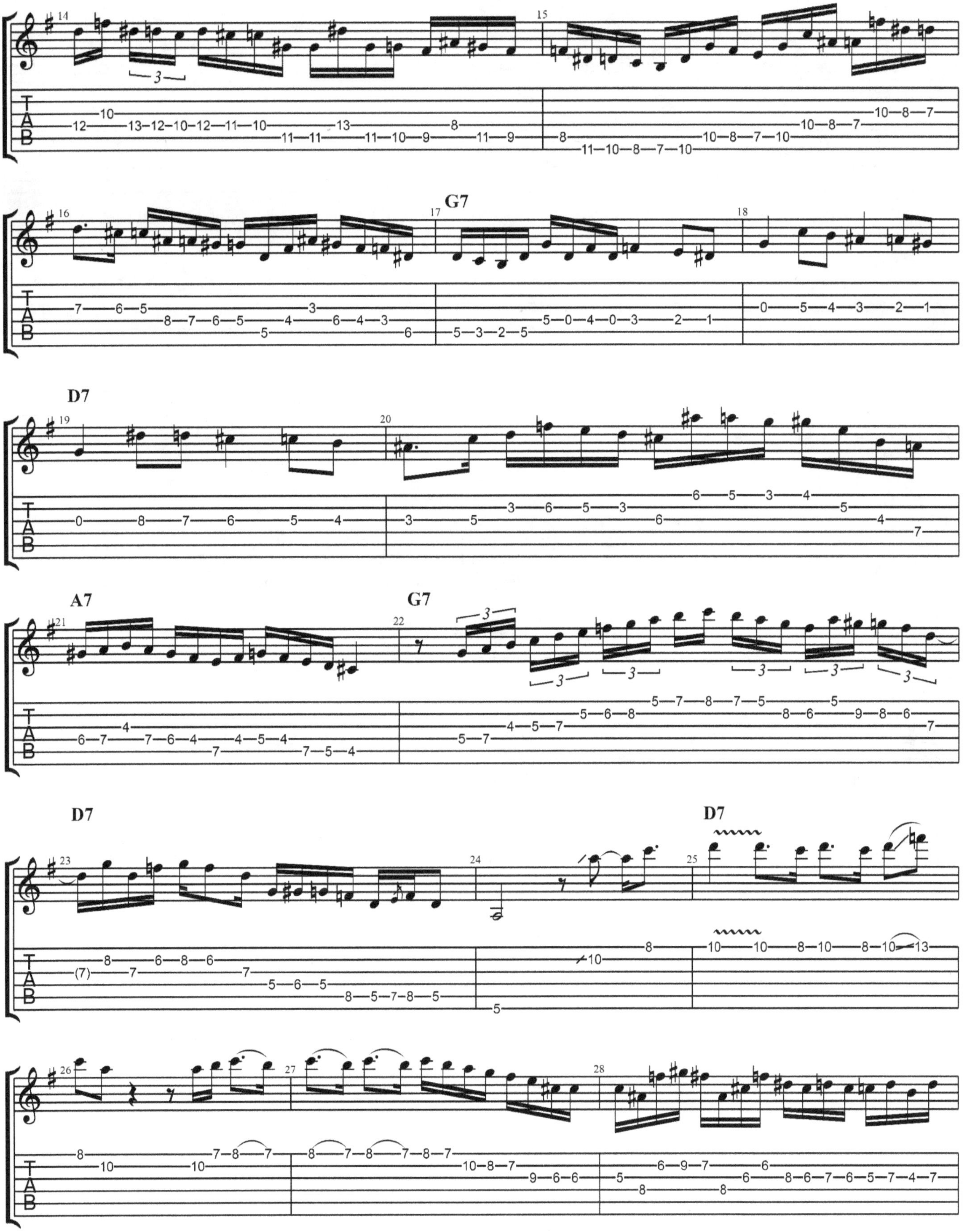
G7
D7
A7
G7
D7
D7

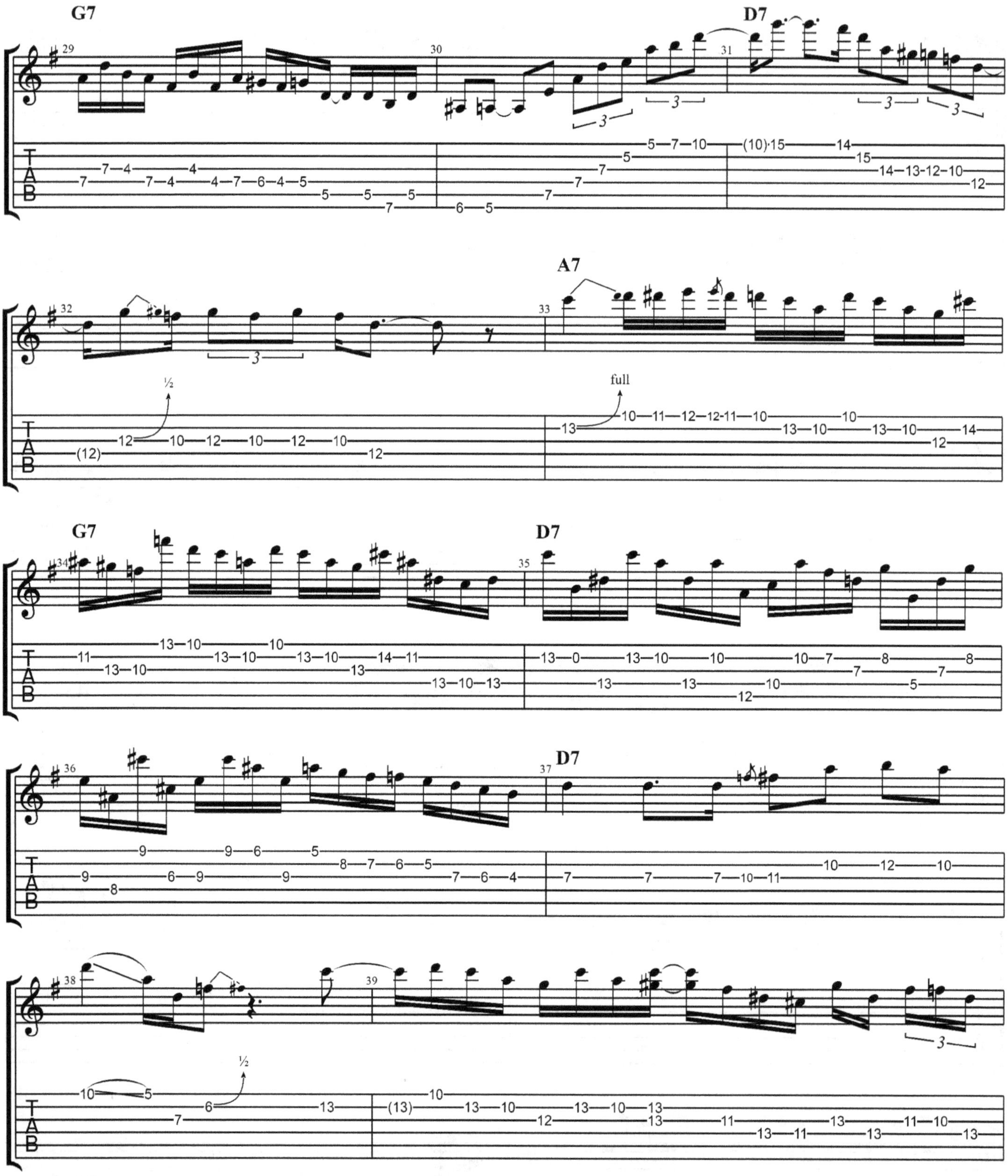
G7
D7
½
A7
full
G7
D7
D7
½

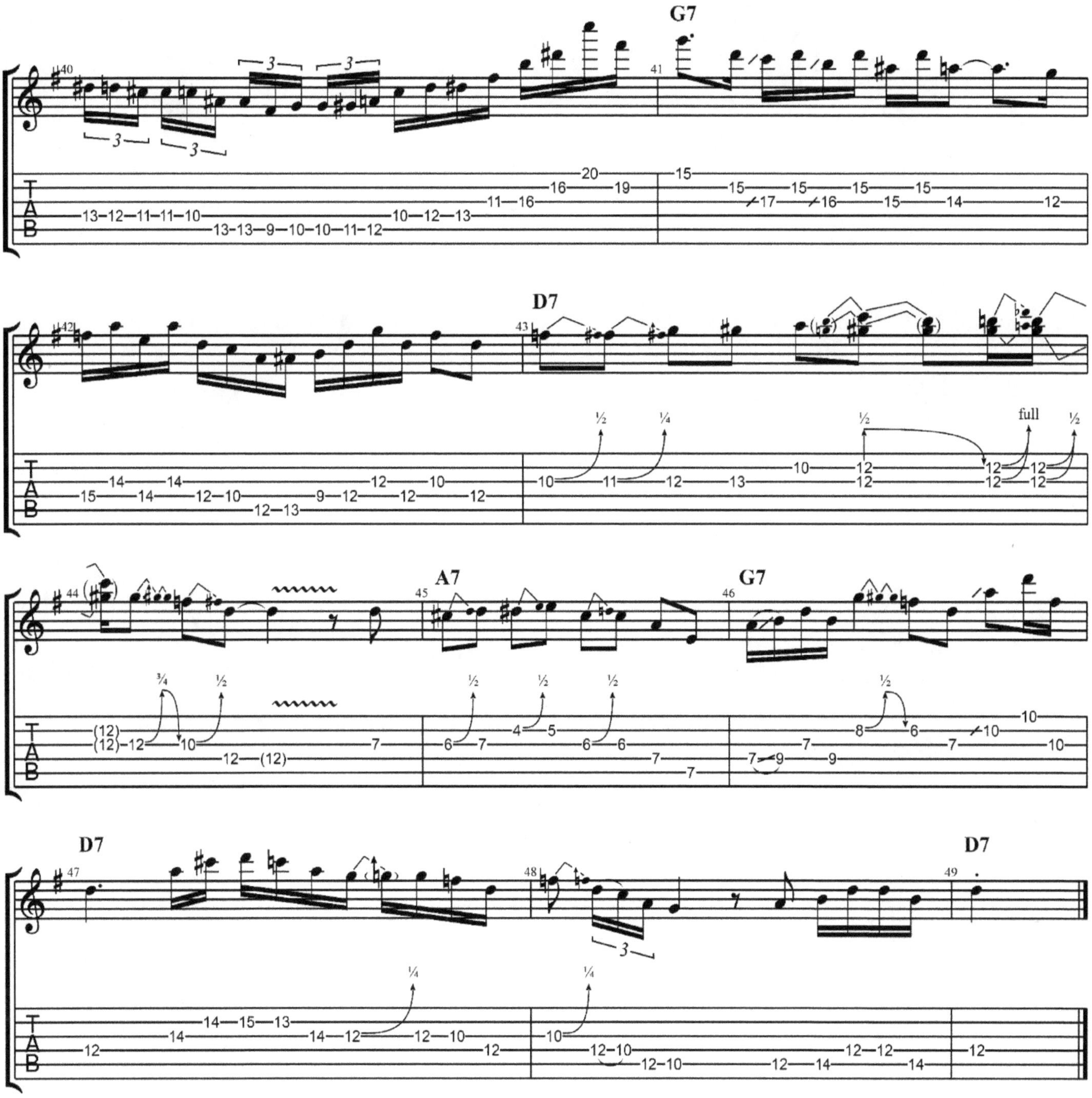
G7
D7
A7
G7
D7
D7
full
TAB

www.ingramcontent.com/pod-product-compliance
Lightning Source LLC
Chambersburg PA
CBHW081431090426
42740CB00017B/3264